JN078480

この1冊ですべてわかる

新版

需要予測の基本

The Basics of Demand Forecasting & Planning

S&OPで経営に貢献する

山口雄大

Yamaguchi Yudai

日本実業出版社

"The only source of knowledge is experience."
―Albert Einstein

"知識の源泉に在るは経験のみ"
―アルベルト・アインシュタイン
（東北芸術工科大学教授　内田雅克訳）
＊役職は2018年当時

は じ め に

本書では、「需要予測」を次のように定義しています。

需　　要……商品に対する購買力の裏づけのある欲望。または、その社会
　　　　　　的総量
予　　測……将来の出来事や有様をあらかじめ推測すること

（広辞苑第六版　岩波書店より）

Demand forecasting……特定の製品、部品、サービスに対する需要を予
　　　　　　　　　　　　測すること。
Demand planning……統計的予測と判断を組み合わせ、サプライヤーの
　　　　　　　　　　　原材料から消費者ニーズまでのサプライチェーン
　　　　　　　　　　　における製品やサービスの需要予測を組み立てる
　　　　　　　　　　　プロセス。

（APICS Dictionary　日本語版より）

需要予測……可能な限りの客観的な根拠に基づく仮説を持って、顧客に必
　　　　　　要とされる商品の量を算出すること

（著者定義）

高まる需要予測への期待

　私が需要予測を担ってきた過去10年程度で、成熟しているといわれてい
た日本の市場環境は大きく変化しました。政府による訪日キャンペーンの
実施と、2014年10月の免税対象品目の拡大によるインバウンド需要の急増
は、多くのカテゴリーの市場規模を大きく変えたといえるでしょう。また、
2020年に拡大した新型コロナウイルスの影響は、まさに市場にとっても未
曽有の事態だったといえます。

　一方で、データ基盤や計算能力の向上、ツールの進化、ディープラーニ
ングという新しいロジックの開発などを背景に、AIのビジネス活用が盛

んになっています。

　こうした環境の変化、技術の進化の中で、需要予測の価値は高まっていると感じています。これまでのように、単に在庫管理、サプライチェーンマネジメント（SCM）のための需要予測という認識では、やや不十分といっていいかもしれません。早期に需給リスクを想定し、企業の戦略を実行するオペレーションで経営を支えるSales and Operations Planning（S&OP）の土台として、需要予測には新たな価値創出が求められているのです。

日本で需要予測を学ぶむずかしさ

　しかし海外と比較し、日本では「需要予測」に特化した研究論文や書籍は非常に少ないのが現状です。

　私がはじめて需要予測の実務を担当した2010年頃は、在庫管理の文脈の中で語られている程度でした。また、統計学を使った時系列分析で需要予測を取り上げている書籍もありますが、ビジネスにおいては、それだけでは不十分です。これには2つ、理由があります。

　1つは、ビジネスでは、過去データがない新商品や、大きな環境変化があった場合（たとえば、2020年の新型コロナウイルスの感染拡大）の需要予測も重要であり、これらは統計的な手法だけでは対応がむずかしいことです。もう1つは、"生きた"現実のデータを使う場合、データの質と量の問題から、統計的な手法の精度が思ったほど高くならない場合が多いことです。

　もちろん、過去データを客観的に分析することは大変重要です。一方で、ビジネスにおける需要予測では、企業の成長戦略やそのためのマーケティング計画といった、未来の要素を加味する必要があり、最終的には意思決定によることとなります。つまり、過去データの分析を踏まえつつ、いかに人による意思決定を高度化できるかが、需要予測の成否を分けるといえます。

本書の特徴

　そこで本書では、SCMにおける需要予測の位置づけ、役割はおさえたうえで、S&OP（Sales and operations planning）の推進による経営支援という文脈から、需要予測の基本的な概念やマインドを整理しています。

　関連する概念の定義は、グローバル標準に準拠させるため、ASCM/APICSという海外の団体のものを引用します。また、Institute of Business Forecasting and Planning（IBF）といった需要予測の専門団体をはじめとする、海外の研究知見を大量に参照していることも、類書のない、本書の特徴といえるでしょう。これを私の経験から解釈し、現実のビジネスで活用できるよう、実務に落とし込んで紹介します。

　また、ビジネスにおける需要予測は、最終的には意思決定であるため、①統計学、②認知科学、③経営学という3つの学問の知見を用いて考察を加えているのも、本書独自の視点です。

　もちろん、他の専門書と同様、本書を一読しただけでは需要予測のプロフェッショナルにはなれません。ただ、グローバル標準の知識とその実務目線での解釈を学んでおくことなしには、本当のプロフェッショナルにはなれないのも事実といえます。

新版の加筆ポイント

　2018年に上梓した前著は、新任のSCM担当者（特に需要予測を担うデマンドプランナー）向けでした。しかし、思いのほか、エグゼクティブ、ディレクタークラスの方々からの反響が多く、ある程度の実務経験や知識を持った読者ほど、価値を感じていただけたようでした。

　今回の新版ではそうした反響を踏まえ、より経営への貢献を意識した内容を加筆しています。具体的には、次の点を大幅に加筆しています。
- KPIとしての需要予測メトリクスとその分析（第5章）
- S&OPの理論的フレームワークと実践（第6章）
- S&OPにおけるデマンドレビュー（第6章）
- 不確実な市場に対する需要シミュレーション（第7章）
- 需要予測におけるAI活用の成功事例（第8章）

同時に、新任の担当者がよりスムーズにパフォーマンスを向上させられるよう、次の点も内容を強化しています。

- 時系列モデルの実務活用におけるマインド（第3章）
- 新商品の需要予測の体系的な整理（第4章）
- グローバル標準の需要予測メトリクスの有効活用法（第5章）
- S&OPプロセスの設計ステップ（第6章）

これらは、私が2018年から定期的に開催している「需要予測の基本」講座（日本ロジスティクスシステム協会）や業界横断の「需要予測研究会」、企業講演などを通じ、1500名以上の実務家と対話する中で感じたことを踏まえ、加筆しています。

本書の内容

第1章では、SCMのトリガーともいえる需要予測の視座からサプライチェーンを描き、それぞれの役割と多機能の連携を説明しています。またトップマネジメント層の意思決定への情報インプットについても記載しています。

第2章から4章では、需要予測のロジック（モデル）について、過去データがある場合とない場合（新商品）に分けて整理しています。過去データがある場合の予測ロジックは、古典的な時系列モデルを中心に説明しますが、本書は需要予測の実務家やマネジメント層を想定読者としているため、式の導出よりもその意味的な理解をメインに扱っています。グローバルには第3章が「Demand Forecasting」、第4章が「Demand Planning」にほぼ該当します。

そして、第5章と6章ではビジネスにおける需要予測の本質的なテーマを扱います。需要予測オペレーションのマネジメントと、経営をオペレーションで支援するS&OPです。さまざまな予測メトリクスを用いたマネジメントの考え方、S&OPで価値を生む需要予測のあり方は、需要予測のプロフェッショナルであれば理解しておくべき内容です。

第7章と第8章では、需要データの分析やデータマネジメントについて取り上げます。なぜなら、需要予測とはほとんどデータ分析と同義とも考

えられ、データ分析のスキルは非常に重要になるからです。第7章ではシナリオ分析、需要予測の用語でいう "Range Forecast" のための考え方をお伝えします。第8章ではAIが登場しますが、本質はそれ自体ではなく、ビッグデータ解析を前提とした需要データマネジメントの考え方にフォーカスします。私は2017年から需要予測AIの開発に携わってきました。その中で、新商品の発売前における需要予測で大きな成果を出すことができ、今回の新版ではこれを踏まえて大幅に加筆しています。

　本書をきっかけに、需要予測という仕事の魅力が伝わり、SCMプロフェッショナルが人気職種になることで、日本のSCMの進化に貢献できれば著者としてこれ以上の喜びはありません。

2021年11月　山口　雄大

第5章　精度ドリブンの需要予測マネジメント

第6章　S&OPのための需要予測

第8章　需要予測AI

本文組版／一企画

第 **1** 章

需要予測でつながる
サプライチェーン

商品を消費者へ届けるサプライチェーンは、さまざまな機能の連携で構成されています。多様な機能がスムーズに連携するためには、共通の最新情報でコミュニケーションすることが有効です。この1つが需要予測です。

サプライチェーンは、需要予測を介してどのように連携し、価値を生み出しているのでしょうか。地球とのかかわりもあるSCMのダイナミズムを感じてください。

サプライチェーンの役割

可能な限り少ないコストで、モノの安定的な供給を可能にする

物流管理—ロジスティクスからの拡張概念

　サプライチェーン（Supply Chain）は、『物流とロジスティクスの基本』（湯浅和夫著／日本実業出版社／2009年）によると、日本語では「供給連鎖」という訳語があてられ、消費者にモノを供給するためのさまざまな機能のつながりを鎖にたとえたものとされています。

　以前、私が所属していたSCM部門では、化粧品の原材料の調達を担当する機能から、工場での生産を管理する機能、マーケティング部門と連携して需要を予測する機能、営業部門とコミュニケーションを取りながら全国へ供給する機能など、商品の調達・生産から販売までの情報とモノの流れのマネジメントを担っていました。

　モノの流れを管理するという機能については、高度経済成長の終わりと情報管理の高度化の中で、生産性向上を目指し、1975年ごろから「物流管理」という言葉が登場したと、『物流の知識』（宮下正房・中田信哉著／日本経済新聞社／1995年）で述べられています。

　その後、「物流管理」は、1960年ごろにアメリカで「ロジスティクス（Logistics）」という概念へと拡張されました。「ロジスティクス」とは元は軍事用語で、日本語で「兵站」と訳されます。戦場において、武器や食料など、前線で戦う兵士に必要なモノを適切なタイミングで届けるという、戦略的なサポート機能です。これが転じて、製造業においては、消費者が必要とするモノを、必要なタイミングで届ける機能を指すようになりました。

　単にモノを運ぶという「物流（Physical Distribution）」の機能から、消費者に必要なタイミングで、適切な量のモノを届ける戦略的な「ロジスティクス」の機能へと拡張されたわけです。それが日本で広がっていったの

は、1980年代半ばです。

そして、モノの原材料の調達から、生産、物流、販売というロジスティクスの各機能を1つの鎖とみなし、情報連携を通じて、全体の最適な流れを考えるという「サプライチェーンマネジメント」へと進化しました。

サプライチェーンには複数の企業が含まれることも多く、「ロジスティクス」よりも企業間の連携という面で拡張された概念だと考えられることも多いですが、「サプライチェーンマネジメント」と「ロジスティクス」の明確な線引きにはまだ議論の余地があるようです。

私は、「物流管理」から戦略的な「ロジスティクス」、さらに連携を意識した「サプライチェーンマネジメント」へと、概念が進化してきたと捉えています。

最少コストで安定供給

SCMの目的は、全体として可能な限り少ないコストで、モノの安定的な供給を可能にすることです。このサプライチェーンの中には、単純ではないトレードオフが存在します。

たとえば、入手価格を抑えるために、海外の遠く離れた国で原材料を購入するとします。すると、輸送距離が長くなり、輸送コストが高くなります。さらに、緊急でモノが必要になったとき、原材料を遠くから調達して

図1-1 需要予測でつながるサプライチェーン

いては、必要なタイミングに間に合わせることがむずかしくなります。この場合、品切れによって販売機会の損失が発生するかもしれません。

SCMは全体最適を目指しますが、一筋縄にはいきません。かかわるさまざまな機能の情報を連携することが前提になります。そのためには各種コストを整理し、可視化することが必要です。

しかし、販売機会の損失のように、なんらかの前提をおいて推計するしかないコストもあるため、すべてを網羅して全体最適を目指すのはとてもむずかしいといえます。

図1-2 SCMにおけるトレードオフの例

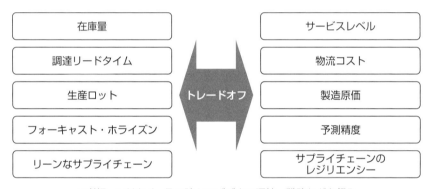

二者択一ではなく、その時々のビジネス環境・戦略などを鑑み
ビジネスユニット・ブランド・カテゴリ・エリア・
商品のライフステージ、需要特性別に意思決定

1-2 需要予測の位置づけ

サプライチェーンにおけるさまざまな動きの基になる情報

SCMのトリガー

　本書のメインテーマである「需要予測」は、サプライチェーンの中でどのような位置づけにあるのでしょうか。

　モノを適切なタイミングで届けるというのは、消費者がほしいときに商品を購入できることといえます。消費者がほしいと思ったときに、そこにモノがあるためには、事前に生産し、運んでおかなければなりません。

　消費者がメニューを見て注文してから料理を作る飲食店においても、開店前に食材を用意しておかなければ、料理を提供することはできませんね。用意するということは、数や量をどのくらい用意しておけばいいかを考える必要があります。これが需要予測です。

　「いつ、どれくらいの量が必要とされるのか」という情報は、サプライチェーンにおいて非常に重要です。それに基づき、原材料の必要量が計算されますし、その量を生産するためには、どれくらいの人と時間がかかるかを考えることになります。

　また、必要量を運ぶためには何台のトラックが必要か、というように物流も考えます。このように、需要予測はサプライチェーンにおけるさまざまな動きの基になる情報なのです。

　情報の流れという側面では、需要予測がサプライチェーンのトリガーともいえるでしょう。鉄鋼業や一部の自動車など、顧客がほしいといってから生産するものもありますが、この形式は受注生産などと呼ばれます。この場合、完成品（顧客の手に渡る姿）の需要予測は不要かもしれませんが、原材料の一部については予測が行なわれていることも多いでしょう。

　APICSによると、需要予測の目的は、次の3つの計画を立てるためのものだと説明されています。

17

①ビジネスプランニング

事業計画のように、数年以上の長期の計画立案です。これには需要予測も必要ですが、長期の環境変化を精度よく想定することはむずかしいといえます。また意思的な要素も考慮する必要があるため、需要予測はあくまでもベースの値や参考値として使われることが多いです。

実際に、数年先の詳細なマーケティング計画が決まっていることは稀です。このときの需要予測の単位は、商品（エンドアイテム）ではなく、一定のカテゴリー（ファミリー）となります。

よって、一般的にSCMにおける需要予測といわれているものとは異なると、私は捉えています。

②S&OP

詳細は6章で取り上げますが、1～1年半程度の中期の需要予測に基づく、需給リスクの可視化と戦略の実行支援を目指す概念です。APICSの定義では1～3年を対象としていますが、現実的には長くても2年程度が多いようです。

この需要予測の単位は、日本ではカテゴリー単位かつ金額ベースといわれることが多いですが、APICSでは数量ベースとされています（APICSの資格試験を受ける際は注意してください）。

つまり、S&OPではコミュニケーションの相手に応じた単位で整理できることが重要といえます。

③マスタースケジューリング（在庫の補充計画または生産計画）

3、4章で取り上げる、1か月～半年程度の短期の需要予測に基づく、必要な在庫量の計画立案です。自社工場で作る場合は生産計画、他社から仕入れる場合は発注量につながっていきます。一般的な需要予測とは、ここで使われるものを指していることが多いです。

短期の需要予測ほど、その数字がほとんどそのまま使われる可能性が高く、需要予測の責任が重くなります。中期、長期と対象期間が長くなるほ

ど、想定や意思が多く含まれる傾向があり、相対的に需要予測の重要度は下がります。

　ここで留意すべきは、需要予測はあくまでも予測であり、完璧に当てることはほぼ不可能であるということです。モノを売るためにさまざまなマーケティングが行なわれますが、果たしてそれがどれくらいの効果を生むのかは、その時々の条件によって変わるので、事前に完璧に想定することはむずかしいのです。

　テレビCMを投入したら売上はどれくらい伸びるのか、著名なブロガーが取り上げたらどれくらいの人が商品を購入するのか、高度な統計学を用いても、すべての商品について毎回こうした効果を正しく予測するのはむずかしいと想像できると思います。そこで重要になるのが「在庫」です。

2種類の在庫

　在庫には大きく分けて、2つの種類があるといわれています。

　1つは「サイクル在庫」と呼ばれるもので、生産指示や発注を出してから、モノが届くまでに消費される量のことです。

　生産の依頼を出しても、すぐにモノができて届くわけではありません。原材料を手配し、生産し、運んでくるまでに時間がかかります。その間にもモノは購入されるため、その分は予備として持っておかなければなりません。これが「サイクル在庫」です。

　もう1つが「安全在庫（Safety Stock）」です。需要予測が当たらない分を予備として用意しておこう、という在庫のことで、需要予測がむずかしいモノほど、「安全在庫」は多く持っておく必要があります。これが適切に用意されていれば、需要予測がはずれても、品切れが発生しません。この「安全在庫」の量は、需要のばらつきや予測精度によって決まります。

　実務ではこの他にも、需要と生産ロットのアンバランスから生じる「ロット在庫」や生産キャパシティの制約を考慮した「積み増し在庫」などを考慮します。また、より高度な在庫管理は5章の「戦略在庫」という概念で説明します。

1-3 営業現場とのコミュニケーション

顧客と接する営業担当者からのインサイトを反映する

需要予測を行なう職種

需要予測を行なうためには、需要を変化させる要因について知らなければなりません。その要因の1つに、営業担当者の販売計画があります。営業担当者が需要予測を行なっている企業もあるでしょう。

ちなみに企業によっては、マーケターやSCM部門の生産計画担当者、財務系の部門が行なっている場合もありますし、独立した部隊で担っている場合もあります。独立組織以外は、たとえば売上予算や納品率といった別ミッションによってバイアスを受けることが指摘されています（Chaman L, Jain, 2018）。たとえば需要予測によって予算が影響を受けるのであれば、低く提示するバイアスが働きます。一方で、納品率や工場の稼働率を高めるという目標があれば、予測をあえて高くするバイアスが働きます。

本書では、中立的な立場での需要予測について述べるため、組織的に独立した需要予測担当者、デマンドプランナー（Demand Planner）がいる場合を前提として記述しています。

私が実施した調査（n＝140, 2018〜2020年）では、半数が需要予測機能をSCM部門に置いていました。これにはSCM部門の中で、生産、物流、需要予測を独立させた組織も含まれています。

営業現場の販売計画の反映

営業担当者は、自分が担当するエリアやアカウント、店舗などに紐づいた販売計画を持っています。その達成に向けて営業活動を行ないますが、商談が決まった後は、モノが必要になります。ここで商品が不足すれば、せっかくの商談が台なしになってしまいます。そのため、営業担当者は、販売計画を需要予測に連携させる必要があるのです。

　一方で、商談が決まってから需要予測へ連携し、それからサプライチェーンを動かすのでは、納品までに商品は届かない場合が多いでしょう。在庫の範囲内なら、その商談分には対応できるかもしれませんが、その後に決まった、他の担当者には対応できなくなります。自分の販売計画を達成しても企業全体が達成しなければ、営利企業としての目的は果たせません。

▌ 在庫を抱えることのリスク

　在庫を大量に抱えれば、突発的な商談に対応できる可能性は高くなりますが、在庫を過剰に抱えることは経営へ悪影響を与えます。在庫は野晒しで放置しておくわけにはいきません。適切な場所に整理し、誰かが管理しなければならないのです。場所と人を使うということは、コストがかかるのです。

　また、こうした目に見えるコスト以外にも、株式会社であれば、株主からの評価へ悪影響を及ぼします。しばらく売れるかどうかわからない商品の在庫を抱えることは、経営的には不健全だと判断される材料になります。キャッシュ・コンバージョン・サイクル（Cash Conversion Cycle；CCC）といって、どれだけ効率よく資産を活用できているかが、株式会社を評価する１つの判断基準になっているからです。

　また、賞味期限が切れるなど販売することができなくなった商品は、廃棄することになります。廃棄場へ運ぶ輸送費、焼却費とコストが加算されていきますし、ムダな二酸化炭素を排出することになります。過剰在庫や、時間が経過して販売できなくなった陳腐化在庫は、E&O在庫（Excess & Obsolete Inventory）と呼ばれ、これを抑えることがKPIになる場合もあります。

　実際に在庫を管理する業務に携わらないと、ここまで想像することはむずかしいかもしれませんが、過剰在庫にはこれだけ多くのデメリットがあるのです。

　営業担当者の販売計画と需要予測の連携は、さまざまな業界において、SCMがうまくいかない理由の１つに挙げられます。それは、販売計画は達成すべき予算に合わせたものである一方、需要予測は客観的なデータ分

析に基づく数字であることが多いため、ギャップが発生するからです。達成すべき計画である以上、簡単にはギブアップせず、商談を行ないます。しかし、商品を用意するための時間を短縮することにも限界があるため、販売計画を下げるタイミングには、すでに商品が生産されているということが起こります。その結果、在庫が過剰になるという問題は、さまざまな業界で見られるようです。

　相手がある販売計画の精度向上にも、生産にかかるリードタイムの短縮にも限界があるため、丁寧かつタイムリーなコミュニケーションが重要となります。

▍CCCとSCMのつながり【アップルの事例】

　ここで、CCCとSCMのつながりについて補足します。私が以前SCM部門のスタッフに行なった意識調査では、SCMと経営指標との関連があまり理解されていないという結果が出ました。しかし、SCMの経営への貢献度は、非常に大きいものです。イノベーションによって圧倒的なブランド力を持ったアップル社が、SCM改革によってCCCを劇的に改善させ、競争優位を獲得した事例を紹介します。

　まず、CCCとは次の式で計算されるものです。

CCC＝在庫日数＋売掛金を回収するまでの期間－買掛金を支払うまでの期間

　在庫を多く抱えたり、売掛金（商品を売ることで得るお金）を回収するまでの時間が長いと、手持ちの現金（キャッシュ）が少なくなります。つまり、CCCが短いほど、手元にキャッシュが多くあるということになります。

　今のアップル社しか知らない人にとっては驚くべきことかもしれませんが、1990年代後半、アップル社の経営は危機的な状況にありました。生産キャパシティを超える事業拡大によって品切れを発生させ、その影響を受けたであろう高めの需要予測によって、過剰在庫も発生させるというSCMの失敗をしました。この結果、余った在庫を値下げしたり、償却し

たことで、利益が悪化したのです。

　これを打開できた要因の1つは、『月刊ロジスティクス・ビジネス』の2016年3月号で金沢工業大学の上野善信教授が分析しているところによると、直販比率の向上によるCCCの短縮です。アップル社直営の店舗を展開することで、売掛金の回収サイクルを早めたのです。これは小売店や卸店などとのコンフリクトを発生させる可能性が高く、日本企業にとってはむずかしいものです。

　商品をどこから顧客へ届けるかという意味で、こうした販売チャネルの変革はSCMの要素を含んでいます。実際、販売チャネルの変更がある際は、SCM部門が深くかかわることになります。

　こうしてCCCを劇的に短縮したアップル社は、手元に豊富なキャッシュを持てるようになったため、これを活用する積極的なSCM戦略によって、競争優位を生み出していきました。具体的には、原材料代の前払いによるサプライヤーの投資促進によって、新商品を生産するための原材料の安定確保を可能にしたのです。

　ヒット商品を安定的に供給し続けるためには、原材料の安定確保が欠かせません。予測よりも売れた場合、急いで増産することが多く、原材料が確保されているかどうかで対応スピードに圧倒的な差が生まれます。特に、トレンド性の高い新商品は、発売直後の品切れによる機会損失の影響が大きいことから、在庫をリカバリーする速度は売上を確保するために非常に重要になります。

　また、アップル社は、原材料を真っ先に確保することで、競合がその確保に苦しむことになり、さらに競争優位を高めることができました。

　こうしてアップル社は、直営店舗の展開という販売チャネル改革によってCCCを改善し、それによって生み出されたキャッシュを使って原材料調達の優位性を確保することで、新商品の安定供給を実現しました。アップル社はイノベーティブな商品によって成功したことで有名ですが、それにはハイレベルなSCMによる、安定的な商品供給が多大な貢献をしていたといえるでしょう。

マーケティングとの連携

マーケティング計画のインプットとアクションのためのアウトプット

マーケティング情報のインプットが重要

　マーケティングとの連携の中で最も重要なことの1つに、新商品の需要予測があります。具体的なロジックは4章で説明しますが、新商品には過去の販売データがないため、さまざまな仮定を置くことになります。

　この仮定のために、次のようなマーケティング情報が必要になります。

・テレビCMや雑誌などへメディア宣伝を投入するのか
・Web上でのプロモーションはどの程度展開するのか
・取り扱う店舗の業態（販売チャネル）や数はどうするのか
・何月にいくらの値段で発売するのか
・商品にはどんな新しい特徴があるのか
・同時期に発売される新商品にはどのようなものがあるか
・想定している競合商品はどれか

　こうした情報は、マーケティングを行なう「マーケター」が決めます。需要予測を行なうには、これらの情報をできる限り漏れなく収集する必要があります。

　新商品の需要予測には目標としての側面もあり、単に過去データの分析だけで完結するものではありません。マーケティング、営業、場合によっては財務、経営管理などの関連部門で合意を得る必要があるものです。デマンドプランナーは過去データの分析を根拠としつつも、この合意形成をリードし、整理する役割を担います。

　これは新商品だけでなく、主力の既存商品でも同様です。

マーケティングアクション検討への活用

　需要予測は、モノをつくって運ぶSCMのトリガーですが、マーケティングアクションの検討にも活用できます。3章でくわしく述べますが、既存商品の需要予測は、過去の販売データを統計的に引き延ばしたものがベースとなることが多いです。成熟した市場は大きな変化が起こりにくく、過去データを客観的に分析することで、基本的には遠からずの予測を行なうことが可能です。

　たとえば、発売から1年半〜2年以上経過した化粧品は、最もむずかしいSKU（Stock Keeping Unitの略で、管理する最小の単位）別のレベルにおいても、数か月先をプラスマイナス15％以内の誤差で予測することができます。一般的にSKU別の需要予測の誤差は、20％以内でとても有効、30％以内で活用可能な水準だといわれていて、15％以内ならかなり高精度の予測といえます。

　ちなみにIBFが2013〜2014年に、さまざまな業界で需要予測を担う実務家146名に調査した結果では、SKU別・3か月先の誤差率の平均は31.3％でした（Chaman L.Jain, 2014）。

　また、ブランド合計などの大きな粒度では、半年先でも数％程度の誤差率になります。さらにこれから半年間の期間合計となると、1％以下になったりします。予測誤差率を解釈する際は、その粒度に留意しましょう。

　これくらいの精度であれば、需要予測を活用することで、既存商品の売上がどうなるかをある程度、把握することができます。これを踏まえ、どのようなマーケティングをしていくかによって、ビジネスユニットやブランドの売上をどこまで伸ばしていくかを考えることができます。

　マーケティングの目的は、消費者からの評価の結果として、売上や利益を上げていくことです。そのためには前年のデータだけでなく、市場のトレンドや、競合も含めた直近の商品配置なども考慮した需要予測をベースに考えることが有効になります。

　化粧品や衣類、食品などは、感触や色、味、サイズなどによって、非常

に多くのSKU数になります。そのため、マーケターといえども、全SKU
の需要の動きを日々モニタリングすることは容易ではありません。SKU
という最小単位での需要の動きを最も把握しているのは、デマンドプラン
ナーだといわれています。

　デマンドプランナーはSKU別の需要を管理する意識を持ち、その予測
と実績の説明責任を果たすことで、関連部門からの信頼を得ることを目指
します。

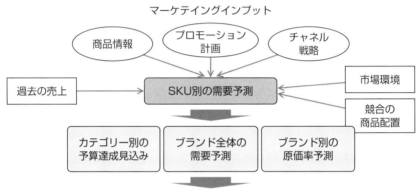

図1-3　マーケティングと需要予測

マーケテイングインプット

商品情報　　プロモーション計画　　チャネル戦略

過去の売上 → SKU別の需要予測 ← 市場環境 / 競合の商品配置

カテゴリー別の予算達成見込み　　ブランド全体の需要予測　　ブランド別の原価率予測

マーケティングアクションの意思決定支援

＊「ブランド」のところは、事業やエリア（リージョン・国）、販売チャネル、アカウントなど、各社の管理に
　合わせて様々なバリエーションがある。

1-5 工場への伝達

> 需要予測に基づいて生産、発注計画が立てられる

在庫管理のための需要予測

　需要予測の最も広く認識されている位置づけは、在庫管理を通じた生産計画への連携です。サプライチェーン上で、在庫管理の前手に、需要予測という工程があると考えていいでしょう。

　在庫管理というのは、在庫の量をコントロールすることで、最少のコストで安定供給を目指すものです。トレードオフの関係にある、品切れと過剰在庫を同時に防ぐことともいえます。需要予測とその時点の在庫、生産計画を踏まえ、在庫を補充する計画が立案されます。これに工場の稼働率や生産制約を加味し、生産計画が立案されます。

需要予測の修正による工場への影響

　需要予測を修正すると、基本的には生産計画も変わることになります。結果、工場の動きに大きな影響を与えます。

　たとえば、有名人がSNSで取り上げるなどして、需要が急激に伸びた商品があるとします。その場合、需要予測を上方修正することになります。すぐにでも増産しないと、品切れが発生し、販売の機会損失になる懸念が出てきた場合は、工場に急な生産計画の変更を依頼することになります。

　このとき、工場ではすでに組まれた生産計画に基づいて効率的に動いているため、急な増産を組み込むと、残業や夜間の稼働、休日出勤などが必要になる可能性があります。その先も本当に需要が伸び、増産が売上につながるのならまだしも、予測がはずれ、在庫が増えるだけの結果に終わった場合は、工場で勤務する人たちからの信用を失ってしまいます。

　そのため、拙速な需要予測の修正には気をつけなければいけません。一方で、品切れによる販売機会の損失も、企業が成長するチャンスをつぶし

てしまうことになるため、あまり長く悩み続ける時間もありません。

　この事例とは逆に、需要が急激に縮小することもあります。たとえば、競合企業やブランドから発売になった新商品によってシェアが奪われる場合です。化粧品市場では、トレンドの影響を特に受けやすい、口紅やアイシャドウなどのポイントメイクアップと呼ばれるカテゴリーの商品において、比較的よく見られます。

　この場合は早いタイミングで減産をしないと在庫が過剰になります。月に5000個売れていた商品を2か月分の1万個生産しようと計画していたとします。この需要が月に2000個まで落ちた場合、1万個の生産によって、一気に5か月分の在庫が増えることになるのです。

　理由にもよりますが、いったん落ちた需要を回復させるのは非常にむずかしいため、こうして生まれた過剰在庫は、保管費用をかけながら、徐々に消化されていくのを待つしかなくなるわけです。これを防ぐため、急な減産を依頼すると、生産計画に突如、穴が開くことになります。代わりに生産するモノがすぐに見つかればいいのですが、そうでない場合は生産のために用意した人や原材料が余ることになります。これは工場の経営へ悪影響を与えることになります。

圧倒的な生産対応力を可能にする要素【食品メーカーの事例】

　ある食料品メーカーは、需要の変化に合わせて、明日あさっての生産量も調整できるほど、生産の対応力が高いと聞きました。それを可能にしているのは、次の3点だと、私は考えています。

・複数の自社工場を所有している
・安定した需要がある定番商品を持っている
・高度なSKUマネジメントができている（SKUが必要なものに絞り込めている）

　急に増産が必要になっても、自社工場での生産のため、比較的、融通が

ききます。また、自社工場が複数あることで、その時点で最もキャパシティに余裕のある工場に依頼することができます。さらに、安定した需要のある定番商品があれば在庫を持っているはずであり、急に生産を入れ替えても、その定番商品が品切れする可能性は低いと考えられます。

　加えて、SKUマネジメントによってある程度の種類に抑えられていれば、生産計画に急な変更があっても影響は大きくないでしょう。

　需要が急に下がった場合も同様です。定番商品の生産と置き換えれば、人や設備を遊ばせておくことにはなりませんし、一時的に在庫が多くなっても早期の消化を見込むことができます。また、定番商品であれば原材料もある程度持っているはずなので、急な生産にも対応できる可能性が高いはずです。結果、高い生産対応力が実現できているのだと考えています。

　以上のように、急な需要予測の修正に基づく生産計画の変更は、強力な生産対応力がない限り、さまざまなコストを増やす可能性があります。

　サプライチェーンに限りませんが、ビジネスはさまざまな業務を担当している人のつながりで進んでいきます。そのため、余分な労力をかけてしまう場合は、いつもよりも丁寧なコミュニケーションを心がけなければいけません。

　需要予測でいえば、「なぜ予測を大幅に修正したのか」をきちんと説明する責任があります。理由の説明の有無にかかわらず、仕事としては進むことにはなるでしょう。しかし、人と人とのコミュニケーションによって、さまざまな機能が連携されているわけですから、お互いへの信用が大切です。特にSCMは多機能の連鎖でできているため、機能間の信頼関係が大切になるのです。

物流センターへの共有

需要予測に基づいて人員やトラックの手配が行なわれる

日別の物量予測

物流センター（Distribution Centerl　頭文字をとってDCと呼ばれることも多い）は、広範囲へ迅速に商品を供給するために在庫を保管しておく施設です。工場で生産した商品を保管する場合もあるでしょうが、その特性上、工場と需要エリアとは離れていることが多いです。工場は広い敷地を必要としますし、あちこちに建てるものではありません。需要は人が集まる場所で多くなります。注文が入ってから、小売店や消費者へ商品を届けるのにかかる時間が短いほど、サービスレベルが高いという評価になります。それは製造業の競争力の1つとなります。

そのため、工場と需要エリアを結ぶ地点に、在庫を保管しておく場所が用意されることが多く、その役割を果たすのが物流センターです。

物流センターでは在庫を保管する機能や、注文があったものをピッキングして、小売店や消費者へ向けて出荷する機能を備えています。それらの仕事にどれくらいの人や時間が必要かは、取り扱う物量によって決まります。

物流センターにどれくらいの人数を集めておけばいいかを考える際に、需要予測が活用されます。ただし、物流センターでは日単位の人員計画を立てる必要がある一方で、日単位での需要予測を行なっている業界は少ないです。そのため、月単位、週単位の需要予測を日別に分ける必要があります。

消費財においては、特に新商品発売時の人員計画に需要予測が重要になります。発売時は非常に多くの物量となるため、物流センターの人も多く必要になるからです。

まとめて予測するほうが高精度

　需要予測は、大きな単位で行なうほど、その精度はよくなるという特性があります。

　需要が変化する要因については3章で具体的に説明しますが、どんな業界においても、非常に多くの要因があります。それらは単位が大きくなるほど打ち消し合うため、影響が大きな要因についてのみ考慮すればよくなっていきます。

　たとえばコンサート会場の近くにある店舗の日単位の売上を予測する場合、天候や行なわれるイベントの影響などを考慮する必要があります。大雨なら外出する人は減るでしょうが、近くで多くの人が集まるコンサートが開催されれば、来店するお客さんも増えるでしょう。一方で、年単位の予測となると、晴れの日やコンサートが開催される回数も、大きく変わらない可能性が高いと考えられるため、そうした要因を細かく考慮する必要がなくなります。

　また、生産の面から考えると、細かい単位での需要予測が不要な場合も多いといえます。

　工場では多くの場合、多品種を生産します。そのため、毎日、1日分の需要量を生産するのではなく、効率も考慮してまとまった量を生産します。そうなると、月単位や週単位での需要予測を活用します。

　こうした精度やオペレーションの観点から、物流センターで日単位の需要予測が必要な場合は、月単位や週単位の予測を、一定のロジックで分配することが多いといえます。

2種類の分配

　この分配には大きく2種類があります。1つは、各物流センターが管轄するエリアへの分配です。「空間的な分配」ともいえるでしょう。

　生産のための需要予測には、需要エリアごとという考えは、基本的にはありません。複数の工場で同じ商品を生産し、それぞれで管轄エリアにし

か商品を供給しない場合は別ですが、需要エリアをまたいで在庫を融通し合うほうが、トータルの在庫量を低く抑えられます。

一方で、物流センターは管轄の供給エリアが決まっているため、そのエリアの需要を考える必要があります。既存商品であれば、エリアごとの構成比がわかるため、分配も精度よく行なうことができますが、新商品の場合はむずかしくなります。

ある商品がエリアAでよく売れていたとしても、別の商品ではエリアBのほうがよく売れる、ということがあるからです。これに対応する1つの方法は、各エリアを管轄する営業部門との連携です。各エリアの特性を熟知している営業担当者から情報を得て、需要予測の分配に活用します。

もう1つの分配は、「時間的な分配」です。この場合は、予測の対象となっている商品の需要に、どのような特性があるかを知ることが重要になります。週末に売上が上がるのか、給料日の直後に売上が上がるのかといった、日による需要の特性を分析して分配する必要があります。

物流環境の変化

日本の労働人口の減少やEC（Electric Commerce）の拡大といった環境、消費者の購買行動の変化を受け、物流では新たな問題が発生しています。商品を消費者へ届ける、ラストワンマイルの物流問題です。

宅配ドライバー不足の問題は、みなさんもメディアで目にすることが多いと思います。労働時間や賃金の問題もあって、ドライバーの人数が増えていかない一方、スマホの普及や新型コロナウイルスの感染拡大の影響などによって、個人宅への配送が増加しました。再配達も大きな問題となっています。

こうした物流危機に対し、新たな技術の活用が期待されています。

まず、物流センターにおいては、ロボットの活用が進むことで力仕事が減り、女性や高齢者でも働きやすい環境づくりが期待できます。自動運転が普及すれば、トラックドライバーの負荷が減ることで、応募者も増えるかもしれません。また、宅配ボックスの普及だけでなく、自宅以外でも受

け取れるなど、新しい物流網が構築されはじめています。

　海外では、一般の方がドライバーとして活躍するビジネスも生まれているようです。日本でもすでにウーバーイーツはかなり広まってきている印象です。規制の問題はありますが、今後は食品以外へも展開されるかもしれません。

　技術の進化、消費者心理や社会構造の変化の中で、革新的なビジネスが生まれることで、物流も大きく変わっていくことが期待されています。

図1-4　物流の課題と新しい動き

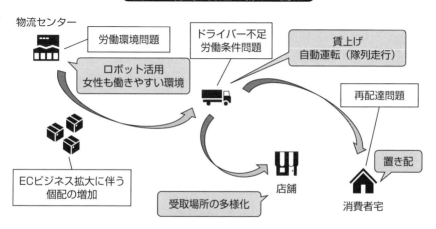

ニーズの多様化に伴うSKU爆発【ABCマートの事例】

　需要予測の難易度は、扱うSKU数が増えるほど高くなる傾向があります。1SKUの予測にかけられる時間が短くなりますし、予測する商品間でのカニバリ（自社商品同士での売上の奪いあい）を考慮しなければならないからです。

　化粧品の中でも特にむずかしいのが、口紅やアイシャドウなど、カラーバリエーションのあるものの構成比です。食品や衣料でも、新たに発売される味、サイズや柄などの構成比を予測することは容易ではないでしょう。

　消費者の多様なニーズに対応しようと、こうしたバリエーションが増加

してきたといわれますが、消費者の購買行動もECビジネスによって劇的に変化しています。消費者が商品をはじめて購入する際は、実在の店舗で手に取り、購買を検討するでしょう。しかし再びそれを購入する際はインターネットで注文する、といった行動が増えているからです。こうした、実在店舗とインターネットの組み合わせなど、複数の顧客接点は「オムニチャネル」と呼ばれます。

靴の販売チェーンであるABCマートは、オムニチャネル戦略が奏功している企業の1つです（『月刊ロジスティクス・ビジネス』2016年10月号参照）。

靴は、消費者の多様なニーズに対応するためサイズや色などのバリエーションが多いという特徴があり、需要予測の難易度は高いといえます。そのため、品切れを発生させず、顧客へのサービスレベルを高く維持しようとすると、在庫が増えてしまいます。サイズは数字で表現されているとはいえ、商品ごとに微妙に異なるため、最初からインターネットで購入するのは少しハードルが高いと考えられます。

しかしABCマートでは、オムニチャネル戦略によってこれをクリアしています。実在の店舗では全種類の在庫を用意しておくことは目指さず、ないものはまとまったエリアを管轄する倉庫から顧客へ直送する、というオムニチャネル戦略です。顧客は店舗でサイズやフィット感を確かめ、ほしい色がそこになくても、倉庫から自宅へ短納期で送ってもらえます。そのため、サービスレベルは維持できます。

一方、ABCマートは複数の店舗を管轄する倉庫に在庫を集約することで、在庫が増えすぎるのを防ぐことが可能になります。

消費者1人ひとりの色やサイズの好みは、1店舗においては変動要素になる一方、複数店舗を含む大きなエリアにおいては、ばらつきは小さくなるでしょう。そのため、倉庫単位での予測精度は高くなり、在庫量を抑えることができるのです。

オムニチャネルは物流戦略の1つともいえますが、このように物流で予測精度をフォローすることもできるのです。

1-7 トップマネジメントの意思決定支援

プロアクティブな予算管理を可能にする

需給の要衝としての需要予測

　ここまで述べてきたことから、需要予測は企業のサプライチェーンにおいて、需要と供給の間にある機能だとご理解いただけたと思います。マーケティング、営業など、消費者や顧客と接する部門からインサイトを入手し、データ分析に基づく需要予測として整理します。これを原材料の調達や生産、ロジスティクスに提示することで、SCMを動かしています。

　同時に、マーケティングや営業部門に対しては、市場変化や供給情報を踏まえた需要の見通しを提供することで、マーケティングアクションの再考を促すこともできます。従来から、需要予測は供給サイドへの情報発信機能として認識されてきました。しかし、2010年代なかばから、日本でもS&OP（詳細は6章で解説）の概念が広がっていく中で、需要サイドへの新しい価値提供も期待されていると感じています。

図1-5　需要サイドへの示唆提供

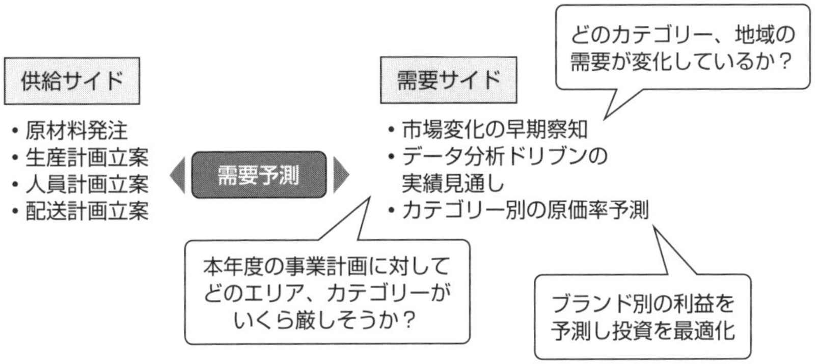

社内において、こうした需給情報の統合と、そこからの示唆を発信できるのは、需要予測の機能のみです。そのため、需要予測からの情報は、経営を担うトップマネジメント層にとっても価値のあるものとなります。

トップマネジメントが需要予測に望むこと

　具体的には、S&OPを通じて、需要予測は大きく2つの価値をトップマネジメント層へ提供できると考えています。

　1つは、市場変化やマーケティングの成否に関する早期のシグナル発信です。需要予測は週や月の単位で、SKUごとに、市場の変化やマーケティングの結果を反映し、更新していきます。

　私の経験では、新商品は発売から1週間以内に、需要予測を更新してきました。この時点で、マーケティングの成否を一旦、評価することができるのです。それが計画通りでなければ、その時点で新たなアクションを検討することが可能になります。4章で紹介するような因果モデルで予測していれば、アクションの方向性も提案できます。

　もう1つは、こうしたアジャイルな需要予測の更新を踏まえた、営業収益やコストの見通しの精度向上です。四半期や半期といった期間の実績確定を待たずに、需要予測やそれを受けたアクションの変更を踏まえることができるため、収益やコストの見通しも早期に更新することができます。

　特に環境の不確実性が高いビジネスの場合に、この価値は大きくなると

図1-6　経営層が需要予測に望むこと

市場変化やマーケティングの成否に関する早期のシグナル発信

営業収益、コストの見通しの精度向上

需要予測を踏まえた意思決定

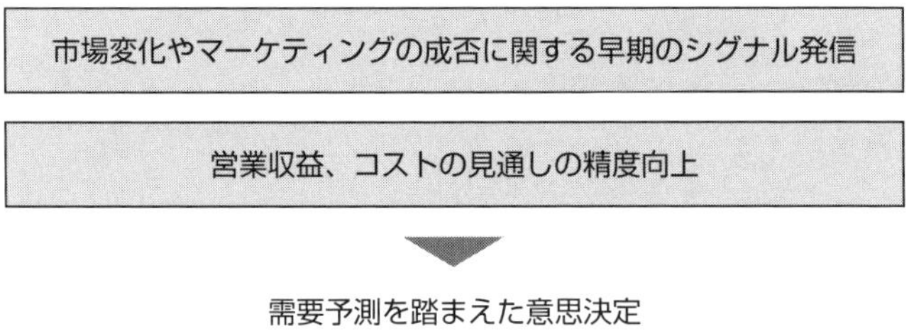

考えられます。S&OPの運用がはじまっていく中で、需要予測はこうした新たな価値創出を目指していくべきといえます。

▎SCM戦略に合わせた在庫の持ち方【ユニクロ VS しまむらの事例】

SKU別の在庫計画は需要予測を基に立案します。一方で全体的な在庫戦略については、その企業のSCM戦略からブレイクダウンして考える必要があります。

ここでSCM戦略に基づく在庫の考え方の対比について、事例を紹介します。

品切れと過剰在庫の抑制はトレードオフの関係にありますが、ここから大きく2種類のSCM戦略を考えることができます。

1つは、在庫がある程度増えることは容認し、品切れを徹底的に防ぐことで、売上の最大化を図るという方向性です。

もう1つは、ある程度の品切れを容認し、在庫を極小化することでコストを抑え、利益の最大化を図るという方向性です。在庫を抑制することで保管費や人件費などの管理コストを抑え、経営指標である在庫回転率やCCC、ROAなどを向上できます。

衣料品小売業において、対照的な戦略を採用している2つの企業があります。

1つはファーストリテイリングが展開する「ユニクロ」で、品切れ抑制を重視する前者です。

もう1つは、2010年代にユニクロに次ぐ売上規模となった「しまむら」で、過剰在庫極小化を重視する後者になります。

ユニクロは、シンプルなデザインで高機能な商品を多く扱っています。エアリズムやヒートテック、ウルトラライトダウンなど、デザインがシンプルで使いやすく、他にはない特長的な高機能を備えている商品が思い浮かぶかもしれません。また、ワイシャツやデニムパンツなど、シンプルなデザインの定番品が販売されている印象があります。これらはデザインが

シンプルであるがゆえ、流行の変化による需要の浮き沈みが比較的少ないと考えられます。

需要予測の視点で考察すると、色やサイズが豊富な分、発売直後はそれらの構成比予測が難しかった一方、販売実績が蓄積されると、需要予測の難易度は低くなると想像できます。特にワイシャツや下着などは、誰もが繰り返し購入するカテゴリーであり、かつ全体としては、色やサイズのニーズは、時間が経っても大きくは変わらないからです。

そのため高精度の需要予測を期待でき、まとまった量の生産によって、生産コストの削減を狙うことができます。しかし、エアリズムやヒートテックなど、需要に季節性がある商品もあり、おそらく気温の変化や梅雨の期間の長さなどの影響を受けるので、需要のピークシーズンやその境目の時期の予測はむずかしくなります。

そこで、在庫戦略が重要になります。全社的なSCM戦略として「品切れ極小化」という方向性が示されている場合は、余裕を持って在庫を用意するという方針になります。もちろんこれだけでなく、品切れを抑制するために柔軟な生産体制の整備などもされていると思いますが、早稲田大学ビジネススクールの山根節教授が著書『「儲かる会社」の財務諸表』(光文社)の中で考察しているところによると、2014年8月期においては、他社と比較して、棚卸資産、つまり在庫は決して少なくなかったそうです。このことからも、品切れを抑制するために、在庫は余裕を持って用意していたと考えられます。

しまむらは、多品種の少量展開やパート社員の業務改革などによって、2000年代に急激に売上を伸ばしました。商圏の比較的狭い郊外に展開されていることが多く、その地域において同じ服を着ている人がいるのを嫌がる消費者の気持ちと、少量多品種展開がマッチしたといわれています。

販売されている衣料は、無難なデザインというよりは、その時々の流行のデザインのものが多いという印象です。実際に、しまむらは多くの社外のデザイナーから大規模な買いつけを行ない、売り切りを前提とした販売スタイルを採用しているそうです。

　少量多品種展開でも採算が合うのは、店舗数の多さゆえです。ユニクロよりも圧倒的に店舗数を多く展開しているため、１店あたりの仕入れ数が少なくても、全国では非常に大きな数量になります。これにより、基本的には各店舗において、商品がいつまでも売れ残る確率が小さくなり、効率的な在庫運用が可能になっています。

　また、多くのデザイナーから買いつけているため、次々と新しいデザインの衣料が入ってきます。つまり、消費者からすると来店するたびに新しい商品に出会えるということです。これが再来店にもつながる好循環を生み出しているのでしょう。

　売り切りというのは見方を変えれば品切れであり、大人気の商品が出たとしても再生産はありません。そのため、販売機会を損失しているという見方もできます。しまむらはそれを許容し、少ない在庫で新しい商品を出し続けることで、販売機会の損失を補って余りあるほどの売上を達成できてきたのだと考えられます。

　しまむらのSCM戦略については、需要予測の視点ではこれ以上の考察はできません。

　なぜなら、１店あたりの仕入れ数がある程度決まっているため、需要予測が不要だからです。高精度の需要予測よりも、最低限１店あたり数個は売れる商品の見極めが重要だと考えられます。バイヤーの目利きが重要ということです。

　これらは経営戦略の違いとして、さまざまなメディアでも取り上げられ、考察されてきました。しかし、このようにSCM戦略における在庫の考え方の違いとして考察しても、非常に興味深いものです。この事例からSCMが経営にとって重要であることがおわかりいただけるでしょう。

地球とのかかわり

環境問題への対応がより重要になってきている

SCMと地球環境

SCMは一企業としての利益追求だけでなく、地球環境とのつながりもあるダイナミックな概念です。

近年では二酸化炭素（CO_2）排出量の削減が重視されています。二酸化炭素は、異常気象の要因の1つと考えられている地球温暖化に影響しているといわれています。海外では1990年代から、フィンランドやオランダ、イタリア、イギリスなどをはじめ、ヨーロッパの多くの国で、炭素税やそれに類するエネルギー税が導入されてきました。

炭素税とは、特定非営利活動法人「環境・持続社会」研究センター（JACSES）によると、「石炭・石油・天然ガスなどの化石燃料に、炭素の含有量に応じて税金をかけて、化石燃料やそれを利用した商品の生産・使用の価格を引き上げることで需要を抑制し、結果としてCO_2排出量を抑えるという経済的な政策手段」と説明されています。

サプライチェーンでは、トラックや航空機、鉄道などでの輸送によって、二酸化炭素が排出されます。そのため、各企業は効率的なロジスティクスを考えなければなりません。

日本でも2012年から、地球温暖化対策税というものが施行されました。これは、化石燃料（石油やガス、石炭など）ごとに税率が設定されていて、利用量に応じて税負担が発生する仕組みです。

SCM を担う実務家は、世界の動きや国の規制などについても知っておく必要があるといえます。

返品物流と焼却

需要が予測を大幅に下回り、ある商品が大量に売れ残ったとします。在

庫が小売店で残り、物流センターにも残ることになります。これをそのままにすることは、小売店にとってもメーカーにとってもよいことではありません。小売店では、一部の売り場を占拠されるため、売れ筋の商品を並べるスペースが少なくなります。そのため小売店で売れ残った商品は、返品として物流センターへ戻されることになるでしょう。メーカーでは、商品の保管にかかる費用を払い続けることになります。

　この商品は利益を生んでいないにもかかわらず、輸送費がかかっています。また、これらは焼却されることになり、輸配送含め、二酸化炭素が排出されることになります。返品、焼却を生む需要予測のミスは、余分な二酸化炭素の排出につながるのです。

　2021年5月28日、日本経済新聞の朝刊に「パナソニック、30年にCO_2ゼロ目標」という記事が掲載されました。それによると脱炭素の動きは世界でフォーカスされてきており、日本でもパナソニック社が2030年に実質排出量ゼロを目標として掲げたということです。また、パナソニック社はこのためのアプローチとして、省エネと再生可能エネルギーの活用を挙げています。

　パナソニック社はサプライチェーンのパッケージソフトを扱うブルーヨンダー社と協同して省エネを目指すようですが、ここで使われるのが需要予測AIです。

　需要予測AIについては本書でも8章で取り上げますが、ブルーヨンダー社の需要予測AIの学習法は、そこで紹介するのと同じ、機械学習です。これは大量データの中から関係性を見出し、分類や予測を行なうというものです。

　AIを使った需要予測精度の向上によって、生産や調達、輸配送のムダを減らし、二酸化炭素の排出を抑制しようと考えているわけです。このように、需要予測は環境負荷の低減においても重要な役割を果たします。

ESG投資

　企業の環境問題対応への関心の高まりとともに、ESG投資という言葉を耳にするようになりました。ESGとは次の頭文字で、企業の環境負荷低減

や社会貢献の取り組みが注目されています。

- Environmental：環境
- Social：社会
- （Corporate）Governance：（企業）統治

　金融関係のさまざまな指数を公表しているS&Pダヴ・ジョーンズ・イ
ンデックスが、環境保全や社会貢献などの取り組みが進んでいると評価した
企業を、ダヴ・ジョーンズ・サスティナビリティ・インデックス（Dow
Jones Sustainability Index：DJSI）として公表しています。DJSIに認定
されると、世界的に認められているという証明になり、投資家へアピール
できます。

　DJSIの評価項目には、企業のさまざまな機能（事業戦略やマーケティ
ングなど）に関するものがあり、その中の1つにSCMがあります。私も
SCMに関する項目については目を通しており、原材料の調達機能に関す
るものが多いという印象です。具体的には、原材料の供給元であるサプラ
イヤーに対する行動規範の設定やリスク管理です。SCMにおいて、特に
原材料の調達機能にかかわる方は、こうした視点も意識しなければなりま
せん。

CSR

　また、アメリカの調査会社ガートナー（Gartner）が、公表されている
企業の財務データやアナリストの定性的な評価を基に、SCMで高いパフ
ォーマンスを示している企業を毎年25位まで発表しています。その評価項
目にはROA（Return On Asset：総資本利益率と訳され、企業の持つ資本
でどれくらい利益を出しているかという指標）や在庫回転率（Inventory
Turnover：所有している在庫が年間で何回転するかという指標）などが
あります。

　その1つにCSR（Corporate Social Responsibility：企業の社会的責任）
評価があります。CSRとは、地球、社会の中で活動する企業が、それら環

境の持続可能性を考慮する責任のことです。そこには消費者だけでなく、株主や行政などのステークホルダー（利害関係者）も含まれます。CSRやその発展的な概念であるサスティナビリティも、SCMで視野に入れるべき概念になっています。

途上国サプライヤーと連携する社会貢献【ウォルマートの事例】

CSRには社会貢献が含まれますが、大企業の社会貢献の1つに雇用創出があります。

世界No.1小売業であるアメリカのウォルマートは、事業規模を活かし、国境を越えての雇用創出を行ないました。

途上国の零細農家をサプライヤーとし、サプライチェーンでつなげたのです。途上国の零細農家がサプライヤーとして活動するには、次のようなさまざまな課題を抱えている場合がほとんどです。

- 品質と数量において安定した生産
- 商品の管理と輸送
- 運転資金の確保
- 英語でのコミュニケーション

ウォルマートは、途上国の零細農家のこれらの課題を積極的にバックアップしました。

ウォルマートは、次の4項目でサプライヤーを評価する仕組みをつくり、サプライヤーを育成しています。

①商品
②市場
③サプライヤー
④エコシステム

この結果、ウォルマートは途上国における貧困問題の解決に貢献し、さらには高品質の農作物を確保することができているといいます（この取り組みについてさらに知りたい方は、『月刊ロジスティクス・ビジネス』2016年9月号をご参照ください）。

　サプライチェーンにおいて、原材料の調達は非常に重要です。高品質でかつ安定的な供給を期待できるサプライヤーは、たくさんあるわけではありません。そのため、ある原材料を使った商品の需要が何らかの理由によって急激に伸びた場合、少ないサプライヤーに多くのメーカーから注文が殺到することになります。

　交渉力の弱い企業は必要な原材料を確保できず、需要が伸びている商品を供給することができなくなります。これは、大きな販売機会損失へつながるでしょう。また、交渉を勝ち抜いたとしても、多くの費用がかかってしまうかもしれません。

　このような場合、ウォルマートのように自社で評価基準を設け、サプライヤーを育てている企業は非常に有利になります。すでに取引のあるサプライヤーから選ぶだけでなく、育てるという中長期的な視点も持ってサプライチェーンを構築していくほうが、長い目で見れば競争力を高めることになります。そのためには、自社で明確な評価基準を持つことが重要だといえます。

消費者が廃棄した商品のトレーサビリティ

　2015〜2016年にかけて、IoT（Internet Of Things：モノのインターネット）という言葉が新聞やテレビ、書籍などのメディアを通じて、広く拡散しました。これはモノに取りつけられた小型のセンサーが膨大な量の情報を蓄積、発信し、それをリアルタイムで解析して、改善アクションにつなげていくというような技術のことを指します。

　たとえば、ある配送中の商品があり、それが今どこにあるかという、トレーサビリティ（Traceability）がより明確になっていくことが考えられます。サプライチェーンのつながりが世界に広がり、多くの企業がかかわ

っていくようになると、企業間のシステムの互換性や戦略の違いから、全体を通してのトレーサビリティを確保することがむずかしくなる傾向があります。

技術革新によってこの問題が解決されると、トラブルが発生して輸送が滞ったときに、素早く状況を把握し、改善アクションがとれるようになると考えられます。また、同時に消費者のトレーサビリティに対する関心もより高まっていくことが考えられます。

日本には製造物責任（PL：Product Liability）法という法律があり、消費者庁によると「ある商品の欠陥によって損害が発生した場合、その責任は製造会社にある」とされています。

また、2001年にOECD（Organization for Economic Co-operation and Development：経済協力開発機構）が発行したガイダンスマニュアルで「拡大生産者責任（EPR：Extended Producer Responsibility）」という考え方が発表され、商品に対する製造業の責任が及ぶ範囲が使用済み段階まで広げられました。

消費者によって廃棄された商品のトレーサビリティが可視化されると、商品を製造した企業は、その行方にまで気を配らなければならなくなるでしょう。

以上のように、技術の進歩もあり、さまざまな情報が可視化されていく中で、消費者の環境への関心はさらに高まっていくことが予想されます。SCMの中でも、各機能において何ができるかを意識することが求められるようになるでしょう。

SCMにおける需要予測の位置づけについては、下記のショート動画でも解説しているので、併せてご参照ください。

Vimeo需要予測入門① なぜ品切れが発生するのか 需要予測の基本のキ

ショートセミナー1

品切れが発生する理由

　需要予測が原因となって品切れが発生することがあります。品切れ抑制は需要予測の目的の1つであるとともに、SCMの目的の1つでもあります。しかし、需要予測以外にもその原因となる要素があります。

　私は新商品が品切れする根本原因について調査するプロジェクトにかかわったことがあります。そこではCRT（Current Reality Tree）という、ネガティブな状態（たとえば、需要予測の精度が低い）の原因と結果を結びつけて大きな樹形図のような絵を描き、問題の構造を明確化する分析手法を用いました（具体例は巻末の付録参照）。これによって、サプライチェーンの14課題を抽出しました。ちなみに需要予測領域の課題は、「知見を有効活用する仕組みをつくる」でした。これに以外にも13の課題が見つかったということです。

　この分析は、原材料の調達や、生産計画立案、営業部門とのコミュニケーションなど、SCMの幅広い機能から集められたメンバーが行なったため、広い視野での考察になっています。

　具体的な各課題についてはここでは取り上げませんが、次のようなサプライチェーン上の広範囲にわたる領域に課題があると総括しました。

- 営業部門とのコミュニケーション領域
- 需要予測領域
- 生産調整のオペレーション領域
- 原材料のサプライヤーとの交渉領域

　このことは化粧品業界に限らないと考えています。

　私は社会人向けの大学院で、さまざまな業界のSCM担当の方々と「日本のサプライチェーンはなぜよくならないのか」をテーマに議論した結果、業界にかかわらずSCM上の課題は似通っていると感じました。社内のプロジェクトでも、最初は一般的な議論として分析を進めていったため、こ

こで出た総括はかなりの業界に当てはまると考えています。

　有名なTOC（Theory Of Constraints/Goldrant, 1984年）によると、組織の能力はボトルネックの部分によって決まると考えられています。SCMは、多機能のつながりでできている組織的なものであり、このTOCの考え方が適用しやすいものでもあります。新商品に限らず、品切れしてしまう理由は、サプライチェーン上のさまざまな領域にあるため、需要予測だけでなく、広い視野で改善を考える必要があります。

図1-7　サプライチェーンと品切れの要因

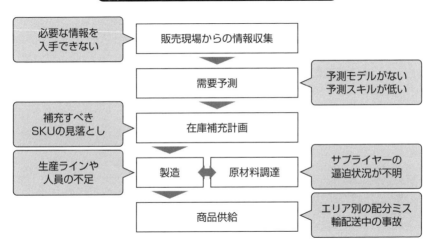

第 **2** 章

需要予測の準備

ビジネスで需要予測を行なうために、組織として決めるプリンシプルがあります。これはビジネスモデルや市場環境、組織構造などを踏まえて設計します。同時に、世界で研究されてきた、需要予測に関する一般的な特性やさまざまな予測モデルなどを知っておかなければ、SCMで競争優位を獲得していくのはむずかしいといえます。

グローバル標準の知見と、自社の顧客、市場、ビジネスに関する理解の掛け合わせが、新しい価値を生んでいくでしょう。

2-1 需要予測プリンシプル

予測の前に組織で決めること

需要予測と予算のちがい

需要予測はサプライチェーンを動かし、商品供給に連動するため、予算（Budget）と大きな乖離があっては問題です。企業は予算を踏まえて、投資や費用を考え、利益を想定しています。

予算が需要予測よりも過剰に低い場合は、予算を達成しても在庫が増え、コストが増えることになります。逆の場合は、予算達成のための在庫が用意できなくなります。つまり、需要予測と予算はある程度、連動させておく必要があります。

しかし予算には売上の目標という側面があり、年に数回などの決まったタイミングでしか見直されないものです。一方で需要予測は、顧客や市場、マーケティングに関する最新の情報を踏まえ、更新していくものです。これはサイクルが早いほど、見通しの精度は高くなるため、望ましいといえます。

需要予測は予算とある程度、連動させる必要があるものの、別物という認識は持っておくべきといえるでしょう。細かく一致させることにリソースを使いすぎないよう注意しましょう。

図2-1 需要予測と予算は異なる概念

需要予測 Demand Forecast	≠	予算・事業計画 Budget

- 需要データの定量的な分析に基づく
- マーケティング、営業、SCMなどの複数の機能が協働
- 人的判断を伴う意思決定

- 財務的な目標
- 予算の立案サイクルで固定的
- 需要の変化を表すものではない

需要予測の原則

需要予測を実務としてはじめる前に、

①どの物的粒度
②時間単位
③どれくらい先の期間を予測するか

　上記の3つを組織の中で決める必要があります。これはフォーキャスティング・プリンシプル（Forecasting Principle）と呼ばれますが、定期的に見直すものではありません。新しいブランドを取り扱う場合、新しい市場や地域に進出する場合、需給システムを刷新する際などに確認します。
　フォーキャスティング・プリンシプルは扱うSKU数や生産調整のリードタイム、需要予測を主に何に使うのかといったオペレーションに合わせて設定します。

　物的粒度に関連しますが、予測の対象は独立需要です。需要には、独立需要と従属需要があります。たとえば、ワイシャツの需要は独立需要で、それに使われているボタンは従属需要です。独立需要から一意に計算で算出できるものが、従属需要です。
　どれくらい先の期間を予測するかは、フォーキャスト・ホライズン（Forecast Horizon）と呼ばれます。

図2-2　フォーキャスティング・プリンシプル

フォーキャスティングプリンシプル	物的粒度	時間的粒度	対象期間
定義	どの物的単位で予測するか	どれくらいの時間単位で予測するか	どれくらい先の期間を予測するか
例	SKU別 カテゴリー単位 アグリゲート単位	日別 週別 月別 3か月合計	翌週 翌月 3か月先 18か月先

予測精度の傾向

フォーキャスティング・プリンシプルによって、予測精度に傾向があることが知られています。

- SKU単位よりも、それらをまとめたカテゴリー、アグリゲート単位のほうが高精度
- 日別よりも、月別や数か月計など、大きな時間的粒度のほうが高精度
- 予測の対象期間は近いほど高精度

これは、粒度が大きいほど、その中で変動が相殺されることや、近い未来ほど想定外の環境変化が起こる可能性が低いことが理由です。もちろん、あくまでも統計的な傾向であって、常に成り立つわけではありません。たとえば、間欠需要（ときどき発生する需要）は中長期を対象とするほうが予測はしやすくなります。

ただし、特に予測精度を解釈する際はこの傾向を踏まえる必要があり、需要予測に関わる実務家であれば知っておくべきといえます。

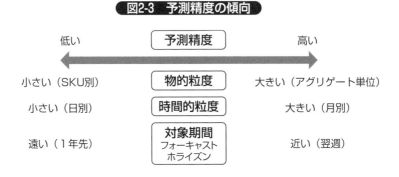

図2-3　予測精度の傾向

本書では、特に次のような製造業を前提として予測精度を考えます。

・**商品の需要に季節性がある**
・**工場が月単位で生産計画を組んでいる**

　化粧品は肌につけるものが多く、肌の状態は気温によって変わることから、需要に季節性があるのは想像しやすいと思います。鉛筆やカップ麺なども、4月の入学シーズンや年末年始など、需要が伸びる時期があります。また、ビジネスパーソンのボーナス時期や年末商戦、ゴールデンウィークや夏期休暇など、多くの消費者共通のイベントもあるため、商品自体の需要に季節性がなくても、その需要には季節性があることも多いといえます。

　工場が生産するサイクルについては、一部の食品のように、日々の生産量を細かく調整する場合もあります。しかし、1つの工場で多品種を生産し、複数の取引先から原材料を調達している場合などは、1か月などの期間でオペレーションしていると考えられます。

　日々、生産量を細かく調整する場合でも、原材料、特に賞味期限のない容器は、より長い期間の需要予測に基づいて在庫を用意しているでしょう。そのほうがまとめて発注でき、調達コストが安くなるからです。

　ここからは「商品×月単位の需要予測」を前提に話を進めますが、読者の方の業種によっては適宜、原材料などに読み替えていただければ理解しやすいと思います。また、月単位でも週、日単位でも、需要予測の基本的な考え方やマネジメント方法は同じです。

2-2 需要予測のモデル

2つのアプローチと3つのモデル

統計予測の限界

需要予測は製造業を中心に、長年行なわれてきた業務です。在庫管理やSCMについて書かれた書籍では、これまでに研究されてきた、統計学や数学を用いた需要予測のモデルについて記載されています。

一方で、私はさまざまな業界のSCM実務家やコンサルタントの方々と話をしてきましたが、需要予測は属人性の強い業務だといわれています。

これは、統計的な予測モデルだけでは、現実のビジネスに対応できないことを示しているといえます。

サプライチェーンでは、他に輸送における配車計画の立案業務も属人性が強いといわれています。顧客のニーズや道路の特性、ドライバーと顧客の相性など、簡単には可視化できない要素をいくつも考慮して、配車計画を立案する必要があるからでしょう。

需要予測も同様です。需要に影響するすべての要素をデータとして可視化して、統計的に分析することができれば、属人性を排除することができるかもしれません。しかし現在の技術や規制の中では、それは非常にむずかしいといえます。過去の条件が未来も同様であれば、統計的な予測で十分でしょうが、不確実な条件変化が想定され、それを完全にデータ化できない場合は、人による予測が必要になるのです。

需要予測の2つのアプローチ

需要予測のアプローチは、大きく次の2種類に分けられます。

①定量的なアプローチ（quantitative）

　数値データまたは定性的なデータを定量評価したものなど、定量的なデータを用いて行なう予測

②定性的なアプローチ（qualitative）

　意思決定に基づく予測。定量的なデータを参考にすることもあるが、最終的な予測数値は、主観的判断を伴う

　実務では、これらを適宜組み合わせて予測を行なう場合が多いです。可能なかぎりデータを集めて分析し、定量的なアプローチを試みますが、データの質と量を補うため、定性的なアプローチを併用するのが一般的です。

需要予測の3種のモデル

需要予測には大きく分けて3種類のモデルが使われています。

①時系列モデル（Time Series Methods）

　過去の販売実績などの連続的なデータを分析し、水準やトレンド、季節性などの特徴を抽出するモデル。大量の過去データが必要であり、大きな環境変化が起こると精度が悪化する

②因果モデル（Causal Methods）

　需要と、それに影響する要素（説明変数）の因果関係をモデル化したもの。要素間の関係性解釈や影響度の推定、要素自体の予測が必要になる

③判断的モデル（Judgmental Forecasting）

　さまざまな情報を基に、人が意思決定する方法。少量のふぞろいのデータでも参照できるが、予測者のバックグランドや状況によって、認知的なバイアスの影響を受ける可能性が高い

　時系列モデルでは、単純な移動平均法や指数平滑法をベースとしたホル

ト・ウインタースモデル、ARIMA（Auto Regressive Integrated Moving Average）モデル、状態空間モデルなどが知られています。1940年頃に指数平滑法が考案されて以来、もっとも研究されてきた予測モデルといえるでしょう。需要予測のシステムパッケージに実装されているのは、たいていこうしたモデルです。

　因果モデルでは、因果関係の記述と、各種要素の影響度の推定が重要になります。この影響度の推定でよく使われるのが、重回帰分析（Regression）です。ただ、これには大量の成型されたデータが必要であり、これが用意できないと、推定された影響度の信頼性は低くなります。そのため、影響度の推定にはプロフェショナルの判断を使うのが有効な場合も多いといえます。この推定の具体的な方法は4章で説明します。

　判断的モデルには、トップダウンの目標設定（Jury of Executive Opinion）や、営業担当者からの報告値の積み上げ（Sales Force Composite）なども含まれます。これよりもシステマティックな、デルファイ法（Delphi Method）やベイジアンコンセンサスなどもありますが、実務で使っている企業は多くありません。

　2章ではこれらのモデルについて、より具体的に説明していきます。ただし、本書は需要予測を担うビジネスパーソンを対象としているため、数式の説明ではなく、モデルを実務で活用するための概念の説明に特化します。

　実務ではこれらのモデルを適宜組み合わせて予測します。既存商品には時系列と因果モデル、新商品には因果と判断的モデルを組み合わせることが多くあります。

2-3 時系列モデル

過去の連続データから特徴を抽出

時系列モデルの考え方

　時系列データとは、過去の連続的な数字データのことです。月別の販売実績も時系列データと認識されますが、正確には月ごとに分断されているため、連続ではありません。ただし需要予測における分析では、時系列データとして扱っても問題ありません。

　時系列モデルとは、こうした時系列データを分析し、未来の時系列を予測するものです。

　簡単な例を挙げると、次のようなものがあります。

- 昨日売れた数が明日も売れると予測する
- 昨日余計に売れた分は、この先で売れなくなると予測する
- 過去1週間の売上の平均値を予測とする
- 季節性を考慮し、前年の同じ月の売上を予測とする

　これらは過去の時系列を解釈し、それを踏まえて未来を予測しているといえます。

　過去に起こっていないことは考慮できないので、この先も大きなニーズの変化はないと考えていることになります。

　上記の例の中でも、前日や前月の実績をそのまま需要予測とするロジックを、ナイーブ予測（Naïve Forecast）と呼びます。これは他の予測ロジックの効果を試算する場合に、比較対象として使われるものです。より詳細なMASE（Mean Absolute Scales Error）という指標（メトリクス）や、FVA（Forecast Value Added）という概念については、5章で具体的に解説します。

時系列分析といわれるとむずかしく感じるかもしれませんが、人が過去データを見て感じることを、統計的に処理するものです。

時系列データの分解

時系列データは次の4つの要素に分解できるとされます（APICS, 2018）。

①トレンド（Trend）
　需要の変化の方向性
②季節性（Seasonality）
　短期的にみられる需要のパターン
③ノイズ（Noise）
　超短期の細かな需要変動
④周期的要素（Cyclic factor）
　数年単位など長期の需要の循環性

人が時系列データを解釈する際も、この4つの視点と水準（Level）で見ていることが多いはずです。需要予測で重要になるのは、トレンドと季節性、水準です。ノイズはランダムな変動であり、予測することはむずかしい一方、中長期的には平均0と定義されるものです。循環性は、数年以上のサイクルで見られる景気循環などのことで、市場予測などでは考慮する場合があります。

統計学とのむき合い方

時系列予測は、この4つの要素と水準を統計的に抽出するものといえます。それほど複雑なデータでなければ、人が丁寧に見ても、統計的な分析と同じような解釈をすることができます。

たとえば、ある商品の1か月間の売上が1日平均100個だったとします。その翌月は、平均150個になりました。

ここで日別の時系列データを見たとき、図2-4の2パターンでは、先の需要予測は変わるはずです。

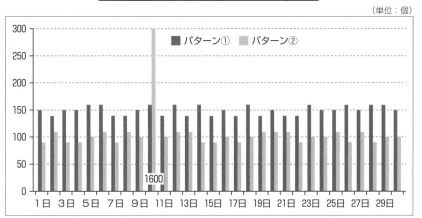

図2-4　ある商品の日別の時系列データ

（単位：個）

どちらのパターンも1日平均は150個です。

しかし、パターン①は毎日150個前後である一方、パターン②は基本的に100個前後であり、1日だけ1600個です。

このような時系列データに対し、標準偏差という概念を見ることで、パターンの特徴を区別することができます。

これは数字のばらつき度合いを評価するもので、パターン①では8、②では269になります。これを平均150で割った変動係数は、パターン①で0.05、②では1.8になります。

標準偏差や変動係数の大小で、データのばらつきを数字で認識することができます。これは人が判断しても区別できますが、データ量が膨大になり、かつトレンドや季節性、ノイズといった要素が複雑に影響してくると、むずかしくなります。統計学は、こうしたデータの特徴抽出を支援するツールと認識するのがよいでしょう。

需要予測の実務で重要なのは、標準偏差の定義式ではなく、このパターンの差の解釈です。パターン①の場合は、前月の1日平均100個から、傾向が変わったと考えることができそうです。この要因は何なのかを、マーケティング、営業、市場調査部門などからの情報を基に、想像することが

重要です。

　同様にパターン②では、10日の1600個の売上が異常値といえます。この理由を、消費者、顧客の購買行動に関する情報から探ることが重要です。単に発注ミスかもしれません。

　この数字の背景次第で、需要予測は変わります。

2-4 移動平均法

> 売上規模が小さい商品の需要予測には便利

移動平均

　実務でよく使われる時系列モデルの１つが「移動平均法」です。移動平均とは、期間を１単位ずつずらしながら平均値を計算していくものです。たとえば１週間移動平均であれば、月曜〜日曜、火曜〜月曜、水曜〜火曜と、１日ずつずらして平均値を計算していきます。これを予測値とするのが移動平均法です。これはシンプルで、わかりやすいロジックといえます。

日焼け止めの需要で見る移動平均の特徴

　ある「日焼け止め」の過去３年間の需要が図2-5の通りだったとします。これを半年間の移動平均、年間の移動平均とともに折れ線グラフにすると図2-6になります。

図2-5　ある日焼け止めの過去３年間の需要

(個)

－	1月	2月	3月	4月	5月	6月	7月	8月	9月	10月	11月	12月
1年目	2,141	2,331	7,618	8,909	13,540	14,312	16,397	11,548	5,431	3,494	2,358	2,457
2年目	2,326	2,041	6,949	8,708	12,395	15,130	14,471	12,601	6,275	4,284	2,837	2,691
3年目	2,736	3,087	7,266	9,086	14,791	17,976	19,909	13,706	6,414	3,963	3,031	3,100

＊著者が乱数を使って作成

　月別の売上の推移を見ると、毎年、夏に売上が大きくなっているのがわかります。これは、私が実際の日焼け止めの売上を参考に、乱数を使って作成したもので、日焼け止めの需要の特性を反映しています。日焼け止めは、日差しが強くなり、消費者が日焼けを実感しやすい時期に需要が増えるため、このような需要波形になります。

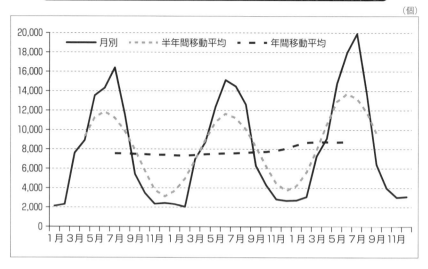

図2-6　ある日焼け止めの半年間の移動平均と年間の移動平均

つづいて、移動平均を見てください。移動平均を計算する期間を長くするほど折れ線が滑らかになっているのがわかると思います。

特に、年間の移動平均を見ると、ほぼ直線に見えるほど滑らかになっています。年間で平均を計算しているため、季節による需要の差が見えなくなり、この日焼け止めの需要の傾向を把握しやすくなります。

注意深く年間移動平均の推移を見ると、2年目の秋以降、需要が伸長していることがわかると思います。単に伸長していることを把握するだけなく、次のようなより細かい情報が需要予測には重要です。

・いつから需要の伸長がはじまったのか
・需要の伸長の度合いは一定なのか

こうしたレベルまで需要の変化を察知するために、この移動平均が役立つわけです。

ここで、半年間の移動平均と年間の移動平均を比較してみましょう。半

年間の移動平均は、月別の推移よりは滑らかになっているものの、年間の移動平均とは異なり、季節による変化も残っているのがわかると思います。これは、半年間では、年間の需要の波をカバーしきれないためで、月別のデータよりも傾向は把握しやすくなっていますし、需要に季節性があることも把握できます。

　ただし、需要の水準がどの程度伸長しているかまでは把握しづらく、また、季節性も緩やかになっているため、実際、夏と冬でどれくらい需要に差が出るのかも把握できません。

　以上のように、必ずしもどれかが最も優れているとはいえません。分析の目的に合わせて、移動平均を計算する期間を考える必要があるということです。

　もう1つ注意すべきなのは、移動平均を計算する期間を長くするほど、データが少なくなるということです。先ほどのグラフの長さを比較してみてください。移動平均を計算する期間が長いほど、その折れ線が短くなっています。つまり、必要なデータが多くなるということです。

　また、移動平均を計算する期間を長くするほど、直近の変化を捉えるのが遅くなってしまいます。割る分母が大きくなるので、直近の変化の影響が小さく計算されてしまうのです。需要の変化をいち早く察知する必要がある需要予測において、これは必ず知っておかなければならない移動平均の特性といえるでしょう。

▎移動平均法が適する需要特性

　APICSによると、移動平均法による需要予測が有効なのは、需要の特性がほぼランダム変動のみのものです。これを需要予測の目線で解釈すると、季節性やトレンドがあまり大きくない商品のことになります。すでに述べた通り、移動平均を計算すると、季節性が小さくなりますし、トレンドへの追従も遅くなります。そのため、そうした特徴を持つ商品の需要予測には使いづらいといえます。

実際、私が移動平均法を用いる対象は、需要の規模が非常に小さいものです。いくつかの分析から、月単位で150個というのが私の判断基準です。

　需要の規模がこれ以下であると、ノイズの影響が相対的に大きくなり、季節性の有無やトレンドの変化の判別がむずかしくなります。そのため、かける労力に見合う予測精度を追求することがむずかしいのです。一方で、簡単な移動平均法でも大きくはずれることは少ないため、精度よりも効率を優先するという考え方になります。

2-5 指数平滑法

さまざまな予測モデルの祖

指数平滑法は人の思考に似ている

指数平滑法（Exponential Smoothing）は、1940年代にロバート・ブラウンというアメリカの海軍でオペレーションズリサーチの分析を行なっていた人物によって開発されたといわれています（Rob J. Hyndmanら, 2008）。ブラウンは海軍のスペア部品の在庫管理のために、指数平滑法による需要予測モデルを考案しました（Robert G. Brown, 1961）。

指数平滑法は、予測値に対し、最新の実績が上か下かを踏まえ、その方向に修正するという考え方です。これは人の思考と似ています。自分の予測値が100個だったとして、直近の実績が130個だった場合、もちろんその背景によりますが、基本的には以降の予測値を上げようと思うはずです。

この思考をモデル化したのが、指数平滑法です。定義式は次の通りです。

$$\hat{y}t = \alpha\, y_{t-1} + (1-\alpha)\, \hat{y}_{t-1}$$
$$\hat{y}t = \alpha\, y_{t-1} + \alpha\,(1-\alpha)\, y_{t-2} + \alpha\,(1-\alpha)^2 y_{t-3}\cdots$$

$\hat{y}_t$は時点tにおける予測値、y_tは時点tにおける実績を表します。

αが、直近の実績をどれだけ重視するかを表します。値の取りうる範囲は$0 \sim 1$です。

0だと直近の実績を完全に無視し、1だと直近の実績をそのまま予測値にするという、極端な思考を表すことになります。

この定義式を変形すると、さまざまな書籍でよく見る形になります。

前回の予測値＝α×前々期間の実績＋$(1-\alpha)$×前々回時点の予測値
予測値＝α×直近の実績＋α×$(1-\alpha)$×前々期間の実績＋

α×（1－α）^2×3期間前の実績…

$\quad\quad\quad\quad$ ＊「^」は指数を表しており、$a\,{}^\wedge 2 = a \times a$ のこと

　（1－α）も0～1の間の数値となり、乗じるほど小さくなるため、右側の過去の実績ほど影響度合いが小さくなります。この指数平滑法のポイントは、次の2点です。

①αの値の設定
②どれくらいまで過去の実績までさかのぼって活用するか（初期値）

▎指数平滑法そのものは需要予測では使わない

　指数平滑法はかなり有名です。しかし、先述の式をそのまま実務で使うことはまずありません。移動平均法よりは若干複雑で高度に見えるものの、トレンドや季節性はこのままでは考慮できなく、予測精度は高くないからです。
　では、なぜ指数平滑法が重要かというと、これを基に高度な時系列モデルが構築されているからです。つまり**過去の実績に重みづけをして、最新の実績が確定するたびに予測値を更新する**、という考え方が重要なのです。

　時系列データを構成する、水準、トレンド、季節性のそれぞれについて、指数平滑法で予測し、組み合わせるのが3重指数平滑法（Triple Smoothing Method）で、そのバリエーションの1つがホルト・ウインタースモデル（Holt-Winters Model）です（Winters, Peter R, 1960年）。
　重みづけの考え方によって、ブラウンの指数平滑法などもありますが、実務家は、指数平滑法によって時系列データの各種要素を予測し、組み合わせているということを理解しておけばよいでしょう。

　需要予測システムを活用している企業では、ARIMAモデル（GEORGE E. P. BOX, GWILYM M. JENKINSら，2008年）を活用している場合が多いかもしれません。これはその商品の過去の時系列データから指数平滑法

で予測するARモデルと、ノイズを表現するMAモデルを組み合わせ、さらに階差の概念を加えてトレンドを表現したものです。

　考え方だけ補足すると、ARモデルでは「過去に売れたから、この先も売れるだろう」という思考を、MAモデルでは「過去に売れた分は、この先で売れないだろう」という思考を表現します。このバランスは、モデルの中のパラメータで、過去データに合わせて調整されます。

　季節性も同様に表現された、Seasonal-ARIMAモデルが比較的使われています。しかしこれはパラメータが多く、ハンド管理の難易度は高いといえます。こうした高度な時系列モデルの実務活用については、3章で説明します。

　これらのモデルの詳細な式については、需要予測の基本のスコープからはずれると考えます。興味のある方は、需要予測の応用的な活用法を整理した拙著『需要予測の戦略的活用』（日本評論社／2021年）や、参考文献に挙げる各種モデルの原著をご参照ください。

　実務においては、指数平滑法の考え方、そのバリエーションとしての高度な時系列モデルというのを理解したうえで、システム上でモデル管理ができるスキルを身につけることが最も重要です。

因果モデル

需要と要素の因果関係を前提とする

因果モデルと回帰分析

　因果モデルは、需要の原因となる要素を用いて予測するという考え方です。たとえば、訪日外国人に人気のある化粧品があるとします。その商品の需要には、次のことなどが影響すると考えられます。

・訪日外国人数
・円と母国通貨の為替レート

　訪日外国人が増えるほど、その化粧品を買いたいと思う人数も多くなるでしょうし、為替レートが円安であるほど、自国の通貨で買い物をしやすくなります。

　実際に因果モデルを構築する際は、もちろんこれ以外にも、訪日プロモーションや、空港や機内におけるプロモーション、その国の日本に対する意識など、もっと多くの要素を検討します。

　こうした因果関係を前提に、この化粧品の需要予測に訪日外国人数と為替レートという2つの要素を用いるのが、因果モデルの考え方です。

　因果関係を方程式でモデル化した後は、各要素の影響度を推定します。具体的には、訪日外国人が何人増えると、その商品の需要が何個増えるか、という係数です。これは過去の関係性から推定します。

　この推定によく使われるのが回帰分析です。回帰分析はエクセルでも簡単にでき、結果の解釈もわかりやすいため、実務においても便利です。ただ、いくつか気をつけなければならないことがあります。

回帰分析を使う際の留意点

　因果モデルにおける要素の影響度を回帰分析で推定する際は、少なくとも次の４点は確認する必要があります。

- 線形の関係性という前提
- 要素間の関係性
- 要素の未来の予測可能性
- 係数の信頼性

　回帰分析は基本的に、線形、つまり連続的な関係性を前提とします。たとえば為替レートが100円、108円などを境に、需要が大きく変わるといった傾向があれば、これを表現するのにダミー変数を設定する必要があります。

　また、過去データでは訪日客数が２倍になると、需要も２倍になる傾向があったとします。

　ただし、訪日客数が月100万人くらいの場合と、1000万人くらいの場合でも同じかどうかは、単純には想定できません。変数の範囲によって影響度が変わるのであれば、たとえば二乗項などの設定が必要かもしれません。ただ、私の経験上、要素がある程度の範囲内である場合は、直線的な関係性があると想定して、需要予測では大きな問題にはならない場合が多いと感じています。

　訪日外国人数と為替レートには関連があるかもしれません。為替レートが円安であるほど、日本に来やすくなると考えられるからです。これは「独立でない」といいます。これを多重共線性といい、正確には相関係数やVIFという値で確認します。多重共線性があると、回帰分析で推定する影響度の信頼性が低くなります。

　因果モデルで予測を行なう場合は、その要素の未来を予測できるかも確認すべきです。為替レートを予測するのは簡単ではないでしょう。

回帰分析には、需要と因果関係を想定した要素の過去データが大量に必要です。しかし、あまり過去をさかのぼってデータを収集すると、影響度が変わっている場合があります。この例では、訪日外国人からの人気といえます。これが何十年も変わらないとは考えにくいでしょう。

　こうした回帰分析の留意点は、基本レベルとしてはややむずかしいと思います。ただ、ここで挙げたような留意点は知っておくべきです。一方で、需要の因果関係を正しく想定でき、要素の影響度も推定できると、因果モデルは非常に有効なツールとなります。

因果モデルの有効活用

　私は需要予測以外にも、２つの目的で因果モデルを活用しています。

　１つは、７章で取り上げる需要シミュレーションです。需要の原因となる要素の中には、不確実性が高く、予測がむずかしいものがあるはずです。その場合でも、シナリオとして複数の値を入力することで、幅を持った需要予測が可能になります。たとえば為替レートにおいて、円安、円高、中立といったシナリオです。因果モデルがあれば、これで３つの予測値を試算することが可能です。

　もう１つは、需要予測AIの特徴量づくりです。これは８章で説明しますが、需要予測AIを構築するには、因果関係を想定して特徴量を作成する必要があります。因果モデルがあると、それをフレームワークとして特徴量をスムーズに探索することができます。

　因果モデルの構築にはプロフェッショナルの知見が必要です。ただ、一度構築すれば、単に１つの予測値を出すだけではなく、このような多様な使い方が可能になるのです。

書籍の需要予測【出版社の事例】

　2021年５月14日の日本経済新聞に、講談社や集英社などの出版社が流通事業へ乗り出すという記事が掲載されました。記事がフォーカスしているのは、これまで書籍の流通を担ってきた取次と呼ばれる企業に代わり、出版社が直接流通までカバーするというビジネスモデルの変革でしたが、私

が注目したのはそこで活用される需要予測AIです。

　需要予測AIは、需要の因果関係や相関関係を想定し、関連するデータを学習させることで精度を高めることができます（詳細は8章参照）。この意味で、私は1種の因果モデルだと解釈しています。

　従来の書店への供給は、規模に応じた画一的なラインナップで行なっていたそうです。これに対し出版社が、AIを使った需要予測で各書店の顧客ニーズに合わせた供給を目指すというものでした。

　需要予測の観点で気になるのが、なぜ時系列モデルを使わないのかということです。ここまで述べてきた通り、時系列モデルは過去の販売データがあり、それを解釈して補正や調整ができれば高精度の需要予測が可能です。しかしこの事例から、商材によっては時系列モデルが使いづらい場合があると感じます。

　それは、消費者が繰り返し購入しないカテゴリーの商材です。なぜ既存商品の需要予測に時系列モデルが有効かというと、過去の販売データと未来の需要に関連があるからです。この背景には、人気のある商品は消費者に繰り返し購入されるため、直近で売れていれば、未来でも売れる可能性が高いことがあります。そのため、過去の販売データを説明変数とするARIMAモデルなどの時系列モデルの精度が高くなると考えられます。

　書籍は、1人の消費者が同じものを何度も購入しません。そのため、時系列モデルの精度が高くなりにくいのではないかと思います。これに対し、書店の顧客層、それに影響する地域性や売り場面積、店舗特性などと、書籍のテーマや価格、ページ数や形態（新書やビジネス書といった区分け）、小説であれば著者などの関連を分析することが重要になると考えます。

　これは因果関係が複雑である可能性が高く、AIが有効になると考えたのでしょう。8章でくわしく述べますが、この成否は書籍購入の購買行動を説明する特徴量を創れるかで決まります。出版社にはこうした知見があるはずなので、おもしろい特徴量がつくられ、需要予測の精度が向上したという記事が発表されるのを待ちたいと思います。

判断的モデル

不十分、不定型のデータでも柔軟に考慮できる

判断的モデルのメリット・デメリット

　現実にかなり多くの企業で使われてきたのが、判断的モデルです。これは定量的な予測ロジックにはないメリットがあります。たとえば、過去データが数か月分しかない、一部のカテゴリーに関する調査結果しかない、といったことは現実にはよくあります。こういった不十分なデータでは、信頼できる統計分析を行なうことが難しいといえます。しかし人はこういったデータも柔軟に解釈し、需要予測に活用することができます。

　一方で判断的モデルには5つの問題点も指摘されています（Moon, Mark A, 2018年）。

（1）大量の情報による混乱

　人は多くの情報を処理することが難しく、自分の直感に合う情報のみを重視したり（Confirmation bias）、入手しやすい情報だけで判断してしまったりする（Availability Heuristics）認知バイアスが知られています。

（2）入手できる情報の鮮度や粒度

　入手できる情報が最新のものとは限らず、また需要予測にそのまま活用できる粒度ではない場合もあり、その解釈に時間がかかります。たとえば営業担当者からの販売計画は商品別ではなく、金額ベースであり、これを商品別、数量ベースに解釈し直すのには時間が必要です。

（3）高いコスト

　判断的モデルはシステムでできず、コストが高い傾向があります。特に判断的モデルは上位のマネジメント層が行なう場合も多く、単価が高い傾

向があるといわれています。

(4) 需要パターンの認識間違い

データ分析のスキルによって、適切に需要データを解釈できない場合もあります。本来は存在しないはずの需要パターンを勘違いしてしまう場合もあります。

(5) 別ミッションによるバイアス（Game Playing）

たとえば売上予算や在庫金額など、予測精度とは異なるKPIを課せられていると、判断的モデルはその影響を受ける可能性が指摘されています。これはGame Playingと呼ばれます。

代表的な判断的モデル

実務で比較的使われている判断的モデルでは、トップダウンの目標設定や営業担当者からの報告の積み上げがあります。これらはそれぞれの考えに基づいて試算された数字ですが、根拠はわかりにくい場合が多いといえます。

より客観的なモデルとして、デルファイ法（Delphi Method）があります。これは4つのステップからなります。

①需要を予測したい商品の情報（属性やマーケティングプロモーションなど）を複数人に共有し、それを参考に各自が予測をします。このとき、予測値の根拠も明記します。
②それを1枚のシートで整理し、予測者全員に配布します。
③各自がそれを見て、再度、自身の予測値を更新します。このとき、誰がどの予測値を出したかはわからないようになっていることがポイントです。これは、誰が予測したか、というのは需要予測には不必要な情報であり、ハロー効果によってミスリードを引き起こす可能性があるからです。
④これを再び集めて整理する、というサイクルを何度か繰り返します。

この結果、予測値がある一定の範囲に収束し、それを需要予測とするというのがデルファイ法です。この手法のデメリットは時間がかかることです。

筆者の体験から、デルファイ法を実務で機能させるためには、参加者からの信頼が必要です。新しい試みは少なからず負荷となるため、参加者の前向きな協力を引き出せるかが重要になります。こういった手法を中心となって動かすのはデマンドプランナーであり、参加者はマーケターや営業担当者になるでしょう。そのため、デマンドプランナーと他部門の日ごろのコミュニケーションが成否を分けるといえます。

ビジネスにおける需要予測では、少なからず判断的モデルを併用しているものです。

時系列モデルがベースでも、未来のプロモーションの効果は判断的モデルで考慮しているかもしれません。因果モデルを使っていても、要素の影響度の推定は、プロフェッショナルの判断で行なうほうが、納得感が高い場合もあります。

需要予測は、入手できるデータの質と量やビジネス環境の変化などを踏まえ、定量的なアプローチと定性的なアプローチ、3種類のモデルを適宜組み合わせ、人の意思決定を支援していくというマインドが有効です。

専門スキルを磨く人的需要予測【キユーピーの事例】

高度な統計予測モデルを廃棄し、あえて人的な需要予測を取り入れたのは、食品メーカーのキユーピーです。同社は2001年にアメリカ製のサプライチェーン計画ソフトを導入し、システムによる需要予測を導入した先駆けの事例として、当時注目を浴びました。

このソフトウェア会社は後にJDA社によって買収されましたが、JDA社はBLUE YONDER社に買収され、2021年にはパナソニック社による買収が話題になっています。私はJDA社の需要予測ソフトを使ったことがあります。キユーピーが導入したソフトとは違うものだと思いますが、JDA社の需要予測ソフトは、搭載されているモデルが豊富で、モデル整備をか

なり自由に行なうことができるため、非常に使いやすかったという印象です。一方で、新任担当者にとっては、使いこなすのがややむずかしいかもしれません。

　キユーピーでは、担当者が予測モデルの数字を解釈できなくなり、営業部門とのコミュニケーションが悪化して、需給調整の現場が疲弊していったそうです。特にこの業界では、営業担当者が仕掛ける販売促進プロモーションの影響が大きく、それを予測システムに適切に反映しなければ、高い精度を望めないという状態でした。

　そこで、需要予測を担当するスタッフと営業担当者のコミュニケーションをベースとする、人的な需要予測に切り替えることを決断したのです。これが奏功し、在庫削減が実現されたとともに、需要予測のスキルを持つ専門的な人材が育ったそうです（くわしく知りたい方は『月刊ロジスティクス・ビジネス』2017年8月号をご参照ください）。

　システム導入は業務の標準化に貢献する一方、人的な需要予測は業務の属人化につながり、それは歓迎されない傾向があります。しかし需要予測をどこまで自動化できるかは、まだ議論の余地がある状態です。8章でくわしく述べますが、AIが導入された後でも同様でしょう。それゆえ私は、プロフェッショナルの育成は常に必要だと考えます。このキユーピーの事例の通り、関連部門とのコミュニケーションで需要予測のスキルは磨かれていく側面があります。

需要予測に必要なスキル

データのオーナーシップ、予測の説明責任、関係者からの信頼

デマンドプランナーに求められること

デマンドプランナーは、1人で需要を予測し、生産管理担当者へそれを連携して業務完了とはなりません。統計学と業界の専門知識をベースに、さまざまなデータを収集、分析して、関連部門とのコンセンサス・フォーキャストをリードすることが求められます。

消費者や顧客、商品、プロモーションなどに関するインサイトを提供するマーケティング、営業部門、事業計画や予算を管理する財務、経営管理部門、大きな意思決定を担うトップマネジメント層などへ、需要予測を提示します。このとき、単に数字を示すだけでなく、次の3点も併せて説明する責任を負います。

- **外部環境やマーケティング計画の前提条件**
- **需要予測のロジック**
- **これまでの予測精度**

つまりデマンドプランナーは、需要に関するデータのオーナーシップは自分たちにあると認識し、それを理解したうえで、関係者へ説明できなければなりません。

マーケティング、営業部門からは、さまざまな情報が寄せられるでしょう。これらを需要予測に加味する必要がありますが、その妥当性やバイアスを定量的に評価しなければなりません。

SCM部門へも、需要予測の提示だけでなく、その誤差の想定も示せることが望ましいといえます。これを基に、サプライチェーン全体で品切れや過剰在庫のリスクヘッジを検討できるからです。では、こうした役割を

図2-7 デマンドプランナーがすべきこと

予測モデルの選定理由の説明

需要予測の前提条件の説明

参考情報の評価（妥当性やバイアス）

予測誤差の想定

予測誤差の要因の究明

これらに必要なスキルは？

果たすためには、どのようなスキルが必要になるのでしょうか。

ビジネスにおける需要予測に必要な3スキル

こうした期待に応えるために、次の3つが必要になります。
①データサイエンス（統計学や機械学習など）の知識
②データ分析スキル
③コミュニケーション力

　需要予測のモデル選定のためには、商品の需要特性とモデルの考え方を理解する必要があります。これに統計学の知識が役立ちます。移動平均の意味や欠点、平均の解釈の際に考慮すべき標準偏差、平均の差の解釈に必要な検定など、基礎的な知識だけでもデータの読み方、語り方が変わります。予測精度の評価メトリクスの算出にも、統計学や数学の若干の知識が必要になります。予測メトリクスが精度改善のための分析の入り口になるため、その解釈ができる程度の知識は必須といえます。

　需要予測に必要となるさまざまな情報を収集、解釈するためには、データ分析スキルが必要です。これはプログラミングや計算能力ではなく、

- 需要予測のためにはどんな情報が必要か
- 情報をどう分析すれば、需要予測に活用できる示唆を抽出できるか

といった思考ができるスキルを指します。これはクリエイティビティが求められ、業界経験や関連業務の知識などによっても差が出るものです。

　分析によって得られた示唆を、関係者にわかりやすく伝えるコミュニケーション力も重要です。グラフ、表などでの整理には、データの本質的な理解と、コミュニケーション相手のミッションの理解が必要になります。統計学や需要予測にくわしくなくても、示唆を初見で理解できるように提示できなければなりません。

　また、需要予測に使えそうな情報をどの部門が持っているか、また、それにくわしいプロフェッショナルは誰なのかといった知識も有効です。これはトランザクティブメモリー（Transactive Memory）と呼ばれ、組織なの中で大きな価値を持ち（Hollongshead & Brandon, 2003年）、日ごろのコミュニケーションで培われるものです。

┃データ分析スキルを磨くマインドと経験

　2つめに挙げた需要予測のためのデータ分析スキルは、次の2つで磨かれます。

①数字の背景を想像しようとするマインド
②その業界における現場経験

　デマンドプランナーは、予測の前提と根拠を関係者へ伝えなければなりません。これには数字の背景、つまり消費者の心理や購買行動を想像しようとする姿勢が関係します。

　ある月の化粧水Aの売上が、予測の500個を上回る1000個だったとして、その乖離分の500個はどうして上がったのか、という背景です。予測で加味していたはずのマーケティング効果が想定を上回ったのかもしれませんし、予想外の別の要因によって上がったのかもしれません。それには、消

費者のどんな心理や行動が影響しているのかといったことを説明できるデータを探す必要があるのですが、マインドが起点となります。

仮説構築のための引き出しは、販売やマーケティングの現場経験で増えます。仮説の説得力の差は、どれだけ販売の現場を理解しているかで決まります。

加えて、情報検索のセンスがあると強みになります。インターネット上に限らず、自分の仮説を検証できる、出所の明確な情報の在りかを嗅ぎつけるセンスは重要です。これをチーム内でカバーし合う意識も有効です。

これまで使っていたデータでは予測がむずかしくなったとき、柔軟な思考で新しいデータの探索と使い方の創造が必要になります。不確実な環境下でも精度の高い需要予測を目指すには、想像と創造が重要になるでしょう。デマンドプランナーは、幅広いコミュニケーションのネットワークを構築し、そこから得られる情報を柔軟に使って創造性を発揮することで、価値を生み出せます。

海外で専門職と認められているデマンドプランナーは、需要データの「オーナーシップ（Ownership）」を持ち、需要予測の「説明責任（Accountability）」を果たすことで、関係者からの「信頼（Trust）」を得ることが重要だとされています。そのためには、「統計学の知識」をベースとした「データ分析」のスキルが必要であり、それをわかりやすく伝えられる「コミュニケーション力」が求められます。そしてこれらを磨くの

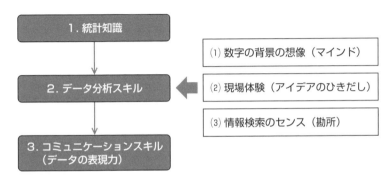

図2-8　需要予測に必要なスキル

1. 統計知識

2. データ分析スキル

(1) 数字の背景の想像（マインド）

(2) 現場体験（アイデアのひきだし）

(3) 情報検索のセンス（勘所）

3. コミュニケーションスキル
（データの表現力）

は、「マインド」、「経験」、「センス」です。需要予測は、AIでは代替できない、クリエイティビティが求められる業務なのです。

　私がこうした需要予測に必要なスキルを整理したのは2016~2017年ですが、ちょうど同じ時期に、海外で「超予測者（Super Forecaster）」という概念が公表され、かなり似た特性が提示されました。超予測者と呼ばれる、特別な情報を持つ機関の専門家に勝るとも劣らない予測精度を示した方々には、

① 数字を苦手としない（統計学の基礎知識は身につけている）
② 認知バイアスを理解している
③ 過去の予測に固執し過ぎず、常に新しい情報を求め、必要に応じて予測を更新する

といった特徴が見られたそうです。

　この研究知見からも、未来をそれなりの精度で見通すためには、データを的確に読み取るスキルや、人の思考やコミュニケーションに関する知識、予測対象への好奇心・関心に基づく情報収集のセンスなどが重要であるといえそうです。

2-9 需要予測を高度化できる組織風土

プロセス設計、システム導入、プランナー育成を支援する

需要予測精度を高める組織風土

需要予測の精度には、次の3つが重要です。

① **予測プロセス**
② **支援システム**
③ **プランナーのスキル**

プロセスについては6章のS&OPやデマンドレビュー、システム活用のポイントについては3章でくわしく述べますが、これらの3要素を高度化するためには組織風土が重要だと指摘されています（Daniel Fitzpatrick, 2020年）。この組織風土は6つの要素で整理できます。

（1）トップマネジメント層の関心

高度なプロセス設計や支援システムの導入には、投資が必要です。そのため、トップマネジメント層が需要予測を重視し、関心を持つことが大切です。

また、需要が変動し、品切れや過剰在庫が問題になったときに、デマンドプランナーだけが責められることのないようにすべきです。ビジネスにおける需要予測は、さまざまな部門のコンセンサスを得て進められるので、デマンドプランナーだけに責任を負わせるべきではありません。

デマンドプランナーへの責任の偏りは、「品切れで責められた経験を持つデマンドプランナーの需要予測が不必要に高くなる」といった認知バイアスを生み出す原因となるため、トップマネジメント層が守ることが欠かせないといわれています。

（2）デマンドプランナーの育成・採用

　需要予測の具体的なプロセス設計やシステム運用はデマンドプランナーが主導します。これを任せられる人材を育成、採用するという意識が必要です。しかし、スキルの高いデマンドプランナーの採用はむずかしい場合が多いです。採用時に適切に評価するのにもスキルが必要になります。面接で過去の実務経験をしっかりと深掘りし、需要予測に対するマインドも評価しましょう。

（3）需要予測のトレーニング

　すでに述べた通り、需要予測には専門的なスキルが必要です。

　特にデータ分析のスキルは、マインドを学んだうえで、実践を通して身につけることが有効です。7章で多少の分析例を示しているので、マインドを学ぶことはできるでしょう。また、付録にスキルチェックリストを掲載していますので、それも各社のオペレーションに合わせてアレンジし、活用してください。実際に私はこれをアレンジしたシートで、年に2回、デマンドプランナーの評価とフィードバックを行なってきました。

　IBFのアメリカでの調査でも、私の日本での調査でも、需要予測やS&OPに関するトレーニングプログラムを社内で整備している企業は少ないという結果でした。需要予測はオペレーションを担う機能のため、実務が優先されますが、中長期的な目線でナレッジマネジメント（4章参照）やトレーニングの設計を進める風土をつくりましょう。

（4）予測メトリクス

　具体的な精度評価の指標は5章で説明しますが、需要予測のパフォーマンスを客観的に評価し、関連部門に開示することが有効です。これが需要予測機能の責任感を高めるとともに、その価値を社内に広く知らしめることになります。

　また、予測メトリクスはプロセス高度化や支援システム導入のための分析の入り口になります。ブランド別、アカウント別、エリア別、プロセス

別、モデル別など、さまざまな切り口で予測精度をモニタリングできる環境づくりが重要です。改善には測定できることが必要です。

(5) 需要予測ツール

　精度向上にも有効ですが、オペレーションスピードの向上に大きな効果を生むのが、需要予測ツールです。熟練のデマンドプランナーがオペレーションを行なっている企業では、システムを導入しても短期的には精度は上がらないでしょう。しかし、2つの点で効果が期待できます。1つは、中長期的に担当者が変更になった場合の精度維持です。もう1つが、オペレーションの効率化です。

　熟練プランナーの時間をよりデータ分析に使うことができれば、たとえば新商品など、精度が低いカテゴリーの予測精度を上げられる可能性があります。

　また、需要予測の支援ツールとは、単に予測の機能だけを指しません。メトリクス管理やS&OP支援など、需要予測オペレーションのマネジメントにも活用するという発想が有効です。ただ、こうしたシステムパッケージは見たことがないので、メーカーはITベンダーと協同し、設計する必要があるでしょう。

(6) デマンドプランナーのキャリアパス

　海外ではデマンドプランナーは専門職として認められ、採用枠もありますが、それでもキャリパスの整備は課題となっているようです。デマンドプランナーを経験した後、ブランドマネジャーとしてマーケティングのプロフェッショナルを目指せるのか、経営管理に異動し、事業マネジメントをリードしていくポジションに昇格できるのか、そうした道筋を用意することでモチベーションの向上につながります。最近では、S&OPのマネジャーとして、需給サイドから経営を支援していくというキャリアもおもしろいかもしれません。

　日本では、まずはデマンドプランナーの正式認定からはじめる必要があ

ります。必要なスキルを定義し、キャリアパスを明示するとよいでしょう。スキルの明確化には、たとえば、本書付録のようなチェックリストが役立ちます。また、これには人事部門の関与が必要になります。

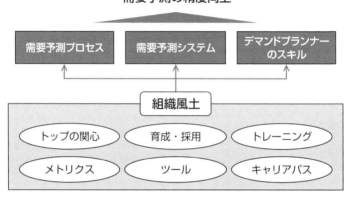

図2-9 需要予測がよくなる組織風土

需要予測の精度向上

需要予測プロセス　需要予測システム　デマンドプランナーのスキル

組織風土

トップの関心　育成・採用　トレーニング

メトリクス　ツール　キャリアパス

　需要予測の精度は、思いつきのモデル変更や人材採用では高くなりません。本書で紹介したようなフレームワークに基づき、大きな視野で、目指すべき姿とそれに向けたマイルストーンを設定することが必要です。

第3章

過去データのある商品の需要予測

過去データがある場合とない場合で、需要予測のロジックや必要となるスキルは異なります。前者については世界で多くの研究が行なわれ、時系列モデルを中心に高度なモデルが開発されてきました。しかし、これらを導入するだけではビジネスでは価値を生み出せません。

なぜ、多くの企業が需要予測システムを使いこなせないのか。組織として学習すべき予測モデルのマネジメントを解説します。

時系列モデルによる需要予測

需要の水準、トレンド、季節性を読みとる

必要となる過去データの量

　時系列モデルによる需要予測では、短くても過去1年、人による確認、補正をほぼしない場合は、2年からできれば3年分の販売実績が必要です。人が補正する場合でも、正確には1年では足りません。発売直後はプロモーションが行なわれることが多く、その時期の実績は、翌年には活用しづらいためです。とはいえ短期間の販売実績を基にした需要予測の方法はなくはないので、それについては7章-3で述べることとしますが、少なくとも1年3か月は必要だと考えています。

　統計的な予測を行なうために2～3年の過去データが必要な理由は、1年分の過去データしかないと、何か特殊な理由による需要の増減があった場合、参考にできるデータがなくなってしまうためです。

　たとえば、多くの消費財において、2014年4月の増税前に、大きな駆け込み需要が発生しました。消費税が5％から8％に上がるということで、消費者がよく使っている商品の買いだめをしたからです。この結果、増税前の2月と3月の需要は急増し、代わりにその反動で、4月から6月くらいまでの需要が落ち込みました。過去の需要の動きと比較すると、合計で半年近くも需要が異常な動きをしたといえます。

　2015年の2月から6月の需要予測を行なうにあたり、2014年のデータは参考にならないどころか、ミスリードを引き起こす可能性が高いものとなるでしょう。このような場合には、さらに過去にさかのぼり、2013年や2012年を参考にする必要があります。これは2019年10月の消費増税時も同様でした。

　2017年にIBFが800名以上の実務家に対して行なった調査からは、2年

以上の過去データを使う場合とそうでない場合では、3 〜 5 ％程度の予測誤差率の差があることがわかりました（Chaman L, Jain, 2018）。

　ここからいえるのが、時系列モデルで予測を行なう場合でも、発売からの経過期間が 2 年以内かどうかで、オペレーションを工夫することが有効であるということです。

季節性とトレンドの分析

　時系列モデルの考え方で需要を予測する場合は、季節性とトレンドを考慮することが基本です。あるハンドクリームの2015年 1 月から2017年 8 月までの売上が図3-1の通りだったとします。そして、2017年 9 月から12月の月別の売上を予測するとします。

図3-1　あるハンドクリームの2015年 1 月から2017年 8 月までの月別売上推移

（※数字は著者が乱数を使って作成）
（個）

－	1月	2月	3月	4月	5月	6月	7月	8月	9月	10月	11月	12月
2015年	8,415	5,794	4,291	2,691	2,620	2,098	1,730	2,114	3,010	5,918	6,842	9,702
2016年	7,610	5,392	4,118	2,712	2,025	1,945	1,473	1,957	2,852	5,120	6,335	8,549
2017年	7,123	4,866	3,636	2,238	2,353	1,768	1,441	1,679				

　これを折れ線グラフで描くと図3-2のようになりますが、秋冬に需要が大きく上がる商品であり、直近の売上だけからはこの先の需要を予測することはむずかしいでしょう。

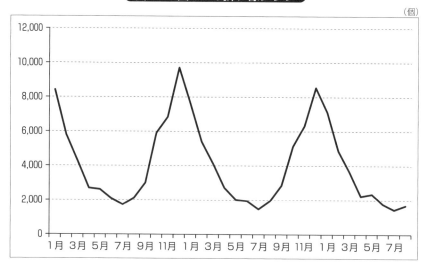

図 3-2　図 3-1 の折れ線グラフ

（個）

　ここで、売上の前年比を計算します。この場合の前年比は、ある月の売上実績を前年のそれで割って算出するため、2016年1月のものから計算できることになります。これを折れ線グラフで表すと、図3-3のようになります。

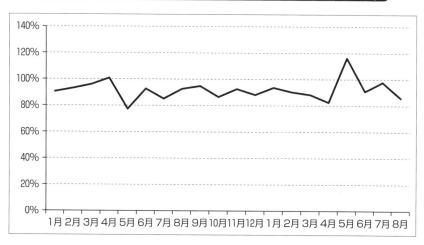

図3-3　売上の前年比推移（2016年1月のものから計算できる）

　これを見ると、売上の前年比は90％程度で安定して推移していることが読み取れます。ここから、このハンドクリームの需要のトレンドは前年比90％であると予測し、この先の9月以降の需要を予測します。具体的には、2016年9月から12月の売上にそれぞれ90％をかけ、2017年9月から12月の予測値とします。

　こうして計算した予測を加え、2015年から2017年の売上実績と予測を、年折り返しグラフで描くと、図3-4のようになります。2017年9月以降も、過去と同様の季節性を持つ需要となり、また、2015年から徐々に売上規模が小さくなっているというトレンドも反映した需要予測ができていることがわかると思います。

図3-4　2015年から2017年の売り上げ実績と予測（年折り返しグラフ）

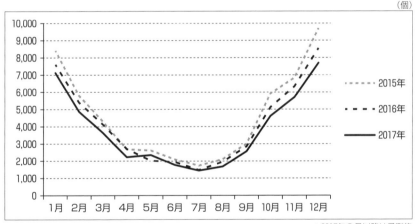

＊2017年9月以降は予測値

　これはとても簡単な予測手法ですが、需要の安定した商品の予測には大変有効です。特に数千以上など、多くのSKUを扱う企業にとっては、スピーディな予測は大きな価値があります。

　ただし、時系列モデルの活用では、次の2つを継続的に行なわなければ、高い予測精度は維持できません。

①過去の時系列データの補正
②モデルパラメータの調整

　次ページからの前年比を使った需要予測で、これらについて説明します。
このポイントは、高度な時系列モデルを使用する場合にも役立ちます。本
書の簡単な例で、実務における時系列予測の本質をつかんでください。

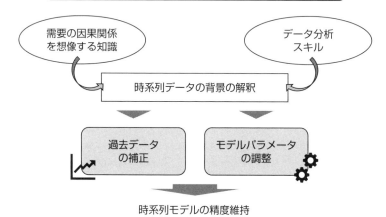

図3-5　時系列モデルで高精度を目指すマネジメント

3-2 過去データの解釈

過去データの背景を踏まえた補正が必要

時系列予測の注意点①　〜品切れ〜

　需要予測よりも圧倒的に多く売れた場合や、生産トラブルで納品が遅れた場合、災害によって原材料の調達が困難になった場合や輸送中の事故で商品が売れる状態ではなくなってしまった場合など、さまざまな要因によって品切れが発生します。それが短期間でリカバリーできるならまだしも、長期化した場合は販売機会の損失が発生します。

　消費者が長年愛用していた商品にもかかわらず、そのときに買った別の商品を気に入った場合は、ブランドとしては生涯顧客を失う可能性があります。これは、生涯顧客価値（Life Time Value）という長期的な利益の逸失になります。

　品切れが発生すると、その期間の売上は「0」になります。そして、小売店への出荷の段階で品切れが発生した場合は、商品が再出荷できるようになったタイミングで大きな注文が上がります。それは品切れ期間中、小売店の在庫が減っているからです。

　また、小売店においても消費者が入荷待ちをした分だけ、品切れ解消後に一気に売上が上がります。ただ多くの消費財において、よほどブランド力がある商品でないと、再入荷待ちはされないでしょう。

　どちらの段階にせよ、品切れが発生すると、売上が極端に小さくなる期間と、その後の反動による売上が上乗せになる期間が発生し、需要の水準に乱れが発生します。このような期間がある場合、その翌年同期間の前年比は大きく上下することになります。

　たとえば、ある商品の4月から9月の売上が前ページ図3-5の通りだったとします。前年の7月には品切れが発生し、売上が極端に少なかった一

方、8月には品切れが解消し、一時的な売上増が見られました。

　この場合の前年比の推移を見ると（図3-6）、品切れが発生した月と、解消した翌月で大きく上下していることがわかります。

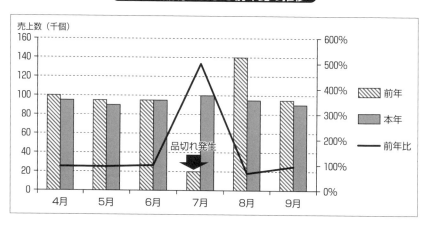

図3-6　品切れによる前年比の推移

　短期間の前年比だけを見ると、トレンドが変化したと勘違いしてしまうミスリードを引き起こすことがあるので、前年比予測をする場合は、売上数字の大きさにも注意するようにしてください。

時系列予測の注意点②　～セールス・プロモーション～

　これとは逆の現象として、セールス・プロモーションが行なわれた場合の売上増があります。

　たとえば、ある商品について1週間テレビCMが投入されたとします。テレビCMによる認知度の向上によって、その商品に興味を持つ消費者が増え、需要が上がります。その上がり幅は、CMのキャッチーさや登場するモデルの人気、CMの流れた時間帯とターゲット層の生活サイクルの親和性など、さまざまな要因によって異なりますが、多くの場合において需要が増えます（図3-7、図3-8）。

図3-7 テレビCMによるプロモーションが行なわれた場合

(千個)

－	4月	5月	6月	7月	8月	9月
前年	100	95	180	120	100	95
本年	95	90	95	100	95	90
前年比	95%	95%	53%	83%	95%	95%

図3-8 プロモーションによる前年比の変化

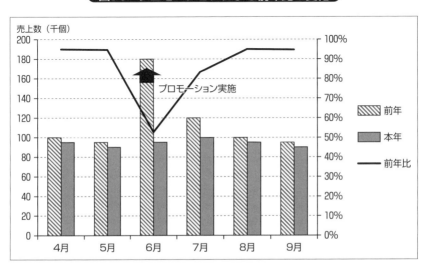

このような場合には、前述の例とは逆に、翌年同期間の前年比は低くなります。

ちなみに近年では、SNSの浸透によって消費者同士の情報交換が増加し、一部の顧客層やカテゴリーにおいては、相対的に企業からの情報発信の訴求力が低下しています。ただ、日用品などのカテゴリーにおいては、依然としてテレビや雑誌などによるマス・マーケティングの効果は小さくありません。

時系列予測の注意点③　〜2年目の需要〜

新商品は発売時に大規模なセールス・プロモーションが行なわれること

が多くあります。しかし、時間が経つにつれて効果が弱まっていくとともに、ライバルブランドから新商品が出たり、消費者が飽きたりすることによって、徐々に需要が減っていく傾向があります（図3-9）。

　一方で、その商品をとても気に入り、何度も繰り返して購入する継続愛用者（リピート、リテンションユーザー）が増えてきます。長期的には、新たにその商品が購入される分と、継続愛用者の離脱の程度が等しくなったところで需要の水準は安定します（図3-10）。

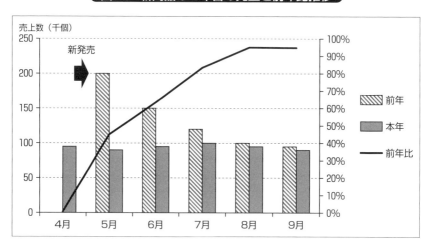

図3-9　新商品の2年目の売上と前年比推移

　発売2年目の商品は、前年の発売から需要が安定するまでの同期間において、前年比は徐々に上がっていくことになります。

　もちろんすべての商品について当てはまるわけではありませんが、多くがこのような動きをします。今、前年比60％程度で推移していても、それが永遠に続く可能性は低く、徐々に前年比100％に近い水準へ変化していくのです。

　こうした過去の需要変動は、時系列モデルによる予測をミスリードします。過去データをそのままにすると、未来も同様の需要変動が発生すると

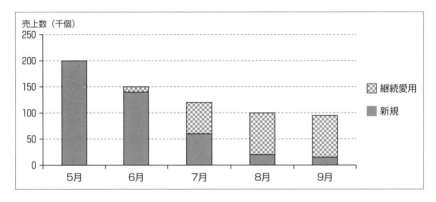

図3-10　新商品発売後の購入者の内訳推移

いう予測になるためです。そのため、品切れや施策などが原因であれば、そうした一時的な需要変動の理由を踏まえて過去データを補正することが有効です。ここで紹介したような消費者の心理、購買行動を想像し、それが未来も定期的に繰り返すものではないことを確認したうえで、過去データを補正するようにしてください。

トレンド変化に合わせた調整

需要変化の背景を踏まえた調整が必要

時系列予測の注意点④　〜需要の水準変化〜

　需要は、商品の機能や消費者にとっての価値、販売される場所などが類似する商品の発売によって消費者が分散し、水準が大きく下降することがあります。ライバルブランドから新商品が発売されたときが想像しやすいでしょう。

　同じ企業やブランド内からの新商品発売によって需要の水準が下降することもあります。これはカニバリゼーションと呼ばれます。一方、新たな販売チャネルでの取り扱いが開始されると、消費者との接点が増えて需要の水準が上がります。

　2020年以降に拡大した新型コロナウイルスの影響もこうした一例です。マスクの使用が一般的になり、外出機会が減ったこともあって、口紅の需要は市場全体で大きく落ち込みました。これは日本だけでなく、中国やアメリカなど、海外でも同様でした。ブランド間のシェア争いやブランド内のカニバリと比べると発生する確率は非常に小さいですが、影響は一部の企業やブランドにとどまらない、極めて大きなものだったといえるでしょう。

　一方で、マスクや消毒液の需要は急増しました。生産キャパシティの増強が追いつかず、数か月以上にわたって商品がなかなか手に入らない状況になりました。販売されている商品も価格が急騰し、市場が混乱しました。

　こうした一時的ではない販売環境の変化によって、半永久的に需要の水準が大きく変わることがあるのです。ここから需要の前年比は大きく変化し、その後1年間はほぼその水準で推移します。そして1年後に、一気に

前年比が100％近くまで変化することになります。

　図3-11のグラフは、ライバルブランドの新商品の発売によって、前年の7月から需要の水準が下降した場合の例です。ライバルブランドへ流れた消費者が、「やっぱり前に使っていた商品のほうがいい」と戻ってくることはありますが、それが要因で元の水準まで戻ることはまずありません。

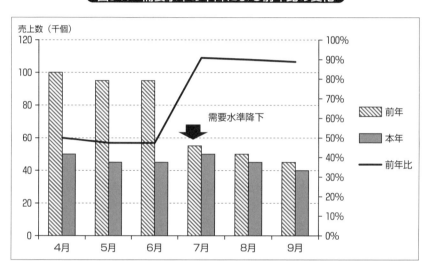

図3-11　需要水準の下降による前年比の変化

　このように需要の水準が一時的ではなく変化したと考えられる場合は、そこからの需要予測を見直す必要があります。移動平均や指数平滑法を用いていた場合は、水準の変化を予測に反映しなければなりません。季節性は過去データを参考にできるかもしれませんが、トレンドは変化した可能性が高く、水準は確実に変化しているため、これを意識して時系列を分析する必要があります。

3-4 高度な統計モデルを使った需要予測

システム導入とともにモデル管理スキルの育成が重要

高度な時系列モデルでも同様

　ここまでで挙げた前年比予測の注意点は、高度な時系列モデルを活用する場合でも同様です。時系列モデルは数字の背景はわからないため、品切れやプロモーションによる一時的な需要の変化をトレンドの変化と捉えて、その先の予測に反映してしまいます。そのため、デマンドプランナーによる過去データの補正やモデルパラメータの調整は必要です。むしろ、それが高度な統計モデルを使いこなせるかどうかの分かれ目になります。

高度な統計モデルの実務活用

　3重指数平滑法やseasonal-ARIMAモデルなどは、式が複雑なだけでなく、パラメータも多いという欠点があります。パラメータとは、次のようなモデルのルールに関する決めごとです。

・どれくらいまで過去データをさかのぼって活用するか（初期値の設定）
・過去データの重みづけはどうするか

　これはたいてい、商品の需要特性に合った数値で設定されます。年に数回、主力の数SKUについてのみ予測するのであれば、これらを人が担うことが可能でしょう。
　しかし、毎週、数千SKUに対してこれを管理できるかというと、それは非現実的です。パラメータの調整は一度でおわりではなく、前で紹介した競合による新商品の発売といった市場環境の変化に合わせて、適宜、見直す必要があるためです。
　図3-12は、ここまで紹介してきた需要変動の例を含め、需要の水準、季

節性、トレンドに変化があった場合のモデルパラメータ調整の例を示しています。もちろん、ここで示した方向性が必ずしも正解ではありません。イベントごとの需要への影響を考慮し、どのパラメータをどう調整するかを考える必要があります。これも需要予測のスキルです。

図3-12　モデルパラメータのイベント別調整例

初期値	いつ時点の過去データからつかうか
重みづけ	直近実績をどれくらい重視するか

イベント	水準	季節性	トレンド
品切れ 限定品カニバリ	該当期間の過去データ補正のみ （パラメータ調整なし）		
プロモーション	重みづけ変更	該当期間除去	重みづけ変更
競合新商品 棚割り変更	初期値変更	変更なし	重みづけ変更
インバウンド需要急増	初期値変更	初期値変更	初期値変更
新ウイルス感染拡大	重みづけ変更 または 初期値変更	変更なし または 初期値変更	重みづけ変更

＊プロモーション効果の継続性やインバウンド需要構成比など、各種条件によって調整方法は異なる

　大量のSKUについてこうしたパラメータ調整を行なうのは簡単ではありません。そのため、高度な統計モデルを活用している企業の多くはシステムを導入しています。国内外のさまざまなITベンダーが需要予測システムを販売しています。実装されているモデルは基本的にどれも高度ですが、指数平滑法がベースとなっているものが支配的となっています。

　需要予測の高度なモデルとして、状態空間モデル（GEORGE E. P. BOX, GWILYM M. JENKINSら，2008年）やサポートベクターマシンなどもありますが、実際にシステムに実装されている例はほとんど見ません。理論的には高度であり、研究用のデータでは一定の精度が出せるのだと思いますが、実務における"生きた"データでは、コストパフォーマンスは高くないのだと思われます。

　私はAIの1種といわれる機械学習モデルも需要予測に活用しています。

エクセルでもFORECAST関数というものがあり、3重指数平滑法は簡単に使えます。ただ、過去データの補正やSKUの組み合わせなどの工夫は必要であり、前年比予測よりも精度が高いわけではありません。

■ 需要予測におけるシステム活用の実態

　私が2018～2020年に、日本で需要予測に関わる実務家140名に行なった調査では、予測にシステムを活用している企業は約3割でした。次の表の「その他」という選択肢は、半自動のアルゴリズムなどを独自で設計しているというものです。エクセルなどを使ったマニュアル予測が最多の6割で、この中には、システム活用をあえてやめた企業もありました。

　この理由は、高度な統計モデルを活用して予測精度の向上を目指したものの、それをマネジメントできなかったことで精度が悪化したことです。予測システムのマネジメントとは、すでに述べた、過去データの補正とモデルパラメータの調整です。システムでこれを支援する機能がある場合もあります。しかし本質を理解していないと、使いこなすことはできません。

図3-13　予測に活用しているシステムについての調査結果（筆者調査より）

需要予測ツール			
	システム	マニュアル	その他
全体	28%	62%	10%
B to B	25%	56%	19%
B to C	39%	56%	6%

　古い研究になりますが、『FORECASTING AND PLANNING: AN EVALUATION』（Robin M Hogarth & Spyros Makridakis, 1981年）で、高度な統計モデルの予測精度が必ずしも高くならないことが示されています。

　この研究では、一部の業界に限られたデータでの検証ではあるものの、さまざまなパラメータを調整する指数平滑法よりも、シンプルな単純移動平均法のほうが高精度という結果でした。

　一方で、IBFが2017年に行なった調査では、単純平均による需要予測よりも、ARIMAモデルで5％程度、指数平滑法で1.5％程度、精度が高いという結果でした。

　私の分析でも、基本的には移動平均よりも、トレンドと季節性を考慮できる高度なモデル（レヴァンドウスキー法）のほうが高精度です。

　以上から、需要予測に関わる実務家は、さまざまなモデルの考え方を理解したうえで、次の2点を考慮し、予測モデルを選択すべきといえます。

①過去データを背景を踏まえて補正できるか
②環境変化に合わせてモデルパラメータを調整できるか

　また、今のメンバーだけでなく、中長期的な組織目線でモデル管理のスキルを維持できるように、教育プログラムを設計する必要があるでしょう。

図3-14　統計予測モデルの管理

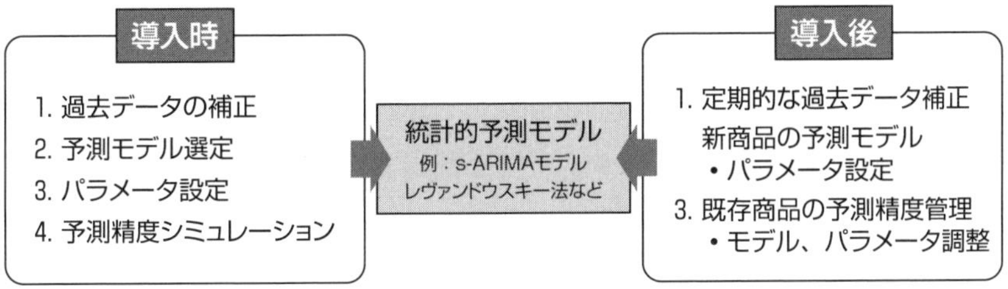

導入時
1. 過去データの補正
2. 予測モデル選定
3. パラメータ設定
4. 予測精度シミュレーション

統計的予測モデル
例：s-ARIMAモデル
レヴァンドウスキー法など

導入後
1. 定期的な過去データ補正
　新商品の予測モデル
　・パラメータ設定
3. 既存商品の予測精度管理
　・モデル、パラメータ調整

需要の変動要素

さまざまな情報を基に数字の背景を想像する

変動要素は千差万別

過去データの補正やモデルパラメータの調整のためには、数字の背景、つまり需要の変動要素について想像できるスキルが必要になります。ここではそのいくつかの例を紹介します。変動要素はビジネスモデルや業界によって異なるので、これを参考に各社で整理することをおすすめします。

セールス・プロモーション

さまざまな業界で共通するのが「セールス・プロモーション」です。その内容は業界、商品によってさまざまですが、化粧品や食品、衣服などの消費財についていえば、テレビCMや雑誌宣伝など、メディアを通じた広告が挙げられます。テレビCMは大勢の消費者へアピールできるため、高い効果が期待できる一方、コストが高いというデメリットもあります。こうしたメディアプロモーションは、直接消費者にむけて行なわれるため、コンシューマー・プロモーション（Consumer Promotion）と呼ばれます。

また、最近では、一部の人がネットで批判をし、それがおもしろ半分に拡散され、いわゆる"炎上"が起こるリスクもあります。ただし、需要予測の観点からいうと、炎上が需要の増加と減少、どちらにより強く影響するかは単純にはわからないと考えています。それが本当に問題のある表現であり、不買運動につながれば需要は急減するでしょうし、賛否両論のある尖った表現であれば、認知度の拡大に貢献し、需要は伸長する可能性もあります。

他に「ダイレクトメール」があります。これにはインターネット経由で送られてくる電子メールや、郵便ポストに届くハガキやチラシもあります。ダイレクトメールはメディア広告よりもリーチできる人数は少ないものの、

ターゲットをしぼり込むことができるので、より高い反応率（オファー応諾率）を期待できます。ただし、こうした小規模のセールス・プロモーションは、過去にもさまざまな地域で行なわれているため、過去の実績に反映されていて、意図せず加味していることが多いといえます。これは小売店とメーカーが協同で実施する場合も多く、リテール・プロモーション（Retail Promotion）と呼ばれます。

こうしたセールス・プロモーション情報は、マーケティング、営業部門から入手します。

■ 取り扱い店舗数の増減

取り扱う店舗数が増えると、需要の水準が上がる可能性があります。

私が化粧品の需要予測を行なう中でたびたびあったのが、コンビニエンスストアへの導入です。それまではドラッグストアを中心に販売されていた商品が、コンビニエンスストアでも取り扱うことが決まると、新たに1万を超える店舗に納品されることがあります。

これにより、消費者との接点が一気に増えることになります。多くの消費者の目に触れるほど、購入される確率も高くなるため、需要の水準が上がる可能性も高くなります。

逆の動きもあります。売上が不振な商品は、売り場に置かないという判断をされることがあります。これが1店舗の判断ならまだしも、チェーン展開しているアカウントの判断となると、1000店くらいの売り場からその商品が消えることになります。結果、消費者はこの商品を探すことが困難になり、他の商品を購入する可能性が高くなります。

こうした取り扱い店舗数に関する情報は営業部門から入手します。

■ 類似商品の発売

消費者が商品を購入するのは何らかの目的があり、それを叶えるものは多くの場合1つではありません。消費者が得る利得はエンドベネフィットなどと呼ばれます。

たとえば、冬に肌が乾燥し、敏感になりかゆくなって困っているとしま

す。かゆさで気が散ったり、見た目も気になったりして、不快な気持ちになっているとします。これを解決するために、次のように思うかもしれません。

"肌に潤いを与える化粧水を買おう"
"保湿クリームを買おう"

　物を購入しない方法も考えることができます。極端な例を挙げると、こんな案も出るかもしれません。

"冬の間は、乾燥が厳しくない南の島で過ごそう"

　最初の選択肢である化粧水の購入と、3つ目の選択肢である南の島へ行くことは、費用やスケジュール確保の難易度など、実行するためのハードルが大きく異なります。
　一方で、2つ目の選択肢である保湿クリームの購入は、化粧水の購入と同レベルのハードルです。この場合、乾燥による肌のかゆみを解決するための行動として、化粧水の購入と保湿クリームの購入で悩み、行動が分かれることが多くなると予想できます。つまり、条件が似ているほど消費者が分かれると考えられるのです。

　すでに販売されている商品に対し、機能や価格、販売されている場所などが似ている新商品が発売になると、需要が分散することになります。結果、元々販売されていた商品の需要は下降します。それゆえライバル企業、ブランドとのシェア争いが起こります。
　これが同ブランド内でも起こることは先述した通りです。マーケティング戦略としては異なるターゲットを想定していても、必ずしも消費者がそう受け止めるとは限りません。
　シェア争いを事前に考慮することはむずかしいといえます。なぜならライバル企業の新商品の情報を発売前に入手できることは稀でしょうし、マ

ーケティング戦略とずれた需要予測を行なうことは、基本的にないからです。

そのため、需要水準が落ちた後、いかに早期に正しく背景を想像して予測を修正できるかが重要になります。これが遅れると、需要が下降した商品を大量に生産してしまい、在庫が過剰になってしまいます。

大規模な納品計画

営業部門には達成すべき予算があり、さまざまな営業活動が行なわれます。ダイレクトメールやチラシを出し、小売店において関連する売り場をつくることで、売上の増加を狙います。このとき、売上計画に合わせて通常よりも多くの商品を用意しておく必要があります。

同時にメーカーから小売店へのインセンティブが用意されることもあり、これはトレード・プロモーション（Trade Promotion）と呼ばれます。

ダイレクトメールによって客数が増えても、そこに掲載した商品が十分に用意されていなければ、せっかくのプロモーションが台なしになるどころかクレームにもなりかねません。そのため、営業担当者は商談の前後で販売計画を需要予測に連携させる必要があります。こうしたメーカーと小売店が協働してプロモーションを考え、需要予測や納品計画を立案する取り組みはCPFR（Collaborative Planning, Forecasting and Replenishment）と呼ばれます。

ここで注意しなければならないのは、それがいわゆる"需要の先食い"で終わらないかを考えることです。これについては3章-7「需要予測の修正」でくわしく説明します。

需要予測は短期で当たればよいというものではなく、中長期的に当てていかなければなりません（期間合計が当たればよいということでもありません）。そのためには数字の背景を確からしく想像するスキルが求められます。ここに挙げたのは一例ですが、デマンドプランナーはその業界にどのような需要の変動要素があるのかを知識として蓄積していくことを心がける必要があるでしょう。

3-6 需要の変曲点察知

前年比を工夫することで把握できる

需要変動の確からしさとその程度

　ここでは需要の変動をどう察知するかをお話しします。要素を事前に把握できていれば、いつ変動が発生し始めるかをある程度は予測することができます。しかし、その程度を把握するには少し工夫が必要です。

　需要の季節性とノイズよって、需要の推移だけ見ても、水準に変化があったかはわかりにくいです。需要が下降しているように見えても、季節的に下がる時期かもしれません。ノイズによる変動の、たまたま下向きのときかもしれません。

　こうした需要の特性を踏まえ、私がシステムに実装した統計量を紹介します。

トレンド変化を察知する「移動平均前年比」

　それは「移動平均前年比」という統計量です。聞き慣れない単語だと思いますが、それほど複雑な計算式ではありません。

「移動平均前年比」＝「本年の移動平均」／「前年の移動平均」

　移動平均を計算する期間は、本年と前年で同じにします。移動平均を計算することによってノイズの影響を小さくし、前年実績で割ることで季節性の影響を除去するというアイデアです。

　需要に季節性があっても、商品が同じなら前年も同様のはずであり、割り算をすることでそれを除去しています。これによりトレンドだけが残り、その推移を可視化できます。

　2章-4の移動平均法の説明で使った「日焼け止め」の需要を基に計算例

を挙げます。図3-15の通り、日焼け止めの3年分の需要がわかっているとします。この需要の5か月間移動平均を計算すると、グラフは滑らかな曲線になります。これは、ノイズが除去されたと考えられます。また、少し弱まっているものの、季節性は残っています。

図3-15　月別の需要と移動平均前年比

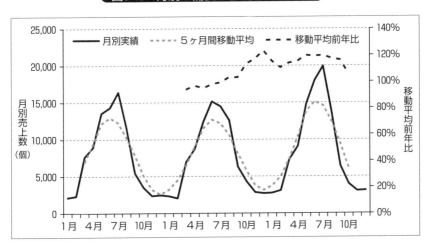

　つまり、この曲線は季節性とトレンドが残っている需要曲線といえます。移動平均を計算しているため、両端が2か月分短くなっています。

　つづいて前年比を計算します。季節性が除去され、トレンドのみが残ります。グラフから、これが110〜120%程度で推移していることがわかり、日焼け止めの需要は上昇トレンドにあることが把握できます。

　月別の需要だけでは捉えることがむずかしかったトレンドが、この移動平均前年比を計算することで、定量的に把握することができるのです。

　ただ、グラフの長さからもわかるように、移動平均を計算し、さらに前年比を計算すると、元は3年分のデータがあっても、ここまでデータが少なくなることは覚えておいてください。

　移動平均前年比をモニタリングすることで、需要のトレンドが変化したかを察知することができます。また、その変化の度合いを可視化すること

ができます。複数の要素が合わさり、トレンドが見えにくくなっているときは、このように数学的に分解することが有効です。

移動平均前年比の活用上の留意点

ここで検討しなければならないことが2つあります。

1つは、移動平均を計算する期間です。この期間を長くするほど、変化への追従が遅くなり、短くすると、ノイズを消しきれません。

もう1つは、移動平均前年比がどれくらい変化したらトレンドが変化したと捉えるか、ということです。これは特にシステム化する際に問題になります。人の目ではなんとなく区別することができても、それが具体的な数値としていくつなのかを決めないと、システムには実装できません。

何千、何万という商品や原材料を扱っている場合は、人によるチェックは現実的ではないでしょう。この変化の判断基準は、データの規模や需要特性によるので、データを見ながら決める必要があります。また、一度決めたら固定するわけではなく、データ量などの環境変化に合わせて、臨機応変に変更できるようにしておくことが重要です。

3種の前年比によるトレンド変化の察知

移動平均前年比の他にも、期間の異なる3種の前年比を並べて比較することで、需要トレンドの変化を察知することができます。たとえば、直近1年間、半年間、3か月間といった粒度で前年比を算出し、モニタリングできるようにします。この3種の前年比が異なる動きをした場合、トレンドが変化している可能性が高く、需要予測のリバイスを検討するアラートとなります。

これは100％を基準として、5～10％以上上回っている、または下回っているかといった見方や、その程度感で変動を捉えます。直近1年間の前年比が110％、半年間が100％で、3か月間では90％と100％を下回った場合、上昇トレンドから下降トレンドに移行した可能性があります。

こうした商品を見つけたら、要因を分析します。この場合は競合から類似機能を持つ新商品が発売された可能性がありますし、自社のプロモーシ

ョンが終わり、効果が弱まってきたのかもしれません。

　品切れが原因で、このトレンド下降が一時的だと考えられる場合は、商品供給の回復によってトレンドも戻る可能性が高いといえます。このとき、モデルパラメータの調整は不要であり、品切れ期間の過去データを補正するというのが望ましいアクションとなります。一方、競合の新商品発売が原因で、需要が下降トレンドに移行したと考えられる場合は、モデルパラメータを調整する必要があります。直近の重みづけを大きくしないと、時系列モデルによる予測は高くなってしまうでしょう。

　この他にも、図3-16のとおり、3種の前年比のバリエーションによって予測修正の方向性が異なります。もちろん、変動理由によっても異なりますが、3種の前年比を並べてみることで、このように需要変動を察知することができるのです。

　ちなみに株式投資においては、長期の移動平均線を下から上に短期の線が突き抜ける場面を、ゴールデンクロスと呼ぶそうです（『移動平均線 究極の読み方・使い方』小次郎講師／日本実業出版社／2018年）。これは株価が上昇トレンドに入るサインの一種と捉えられています。需要予測においても同様に、直近1年間や半年間の前年比を、3か月間の前年比が明らかに上回った場合はゴールデンクロスといえ、予測の上方修正を検討すべきです。逆の変化はデッドクロスと呼ぶそうで、これを放置すると過剰在庫を生む危険性が高まります。

図3-16　3種の前年比の解釈例

直近1年間	半年間	3ヵ月間	解釈	予測修正
110%	100%	90%	上昇トレンドにあった需要が徐々に横ばいになり直近では下降局面へ	要因を分析し下降トレンドと判断した場合パラメータ調整
100%	100%	110%	横ばいだったトレンドが直近で上昇局面に	一時的な変動であればパラメータ変更なしで予測をハンド修正
110%	110%	100%	上昇トレンドが収束に向かう可能性あり	要因次第ではパラメータ調整で上昇トレンドを抑える

＊それぞれ逆方向の変化の場合は逆の解釈

3-7 需要予測の修正

最新の情報を集めてアジャイルに予測を更新する

できるだけ迅速に

　需要の変動を察知したら、予測を修正する必要が出てきます。できるだけ早く修正し、原材料の発注や生産に伝達しないと、顧客ニーズの変化に対応できず、品切れや過剰在庫の発生につながります。このとき、中長期的な需要はどうなるのかも原材料発注や生産機能へ伝えることが重要です。

　たとえば、需要の変動が一時的なものならば、追加コストを支払って急な変更をしないほうがいいかもしれません。1章-5でも述べましたが、急な原材料発注の変更は契約に合わず、追加コストがかかる可能性が出てきます。また、急な増減産の依頼は、工場の休日稼働コストや人余りを発生させる可能性があります。

　発売直後の場合は、マーケティングや営業部門へ予測を共有し、早期にマーケティングアクションを変更する必要があるかもしれません。同時に財務や経営管理部門へ共有することで、売上や利益、コストの見通しを更新することも有効です。

　SKU別の需要変動を踏まえたアジャイルな予測修正は、SCMだけでなく、マーケティングや経営管理に対しても価値を提供できます。この新商品のアジャイル・フォーキャスティング（Agile Forecasting）については、4章で具体的に説明します。

セールの後の需要動向

　ポイント2倍や購入プレゼント、割引など、通常の買い物よりもお得な、「セール」と呼ばれるセールス・プロモーション施策があります。セールがあると、売上はそれまでの水準と比べて増加することが多くありますが、"需要の先食い"であるかどうかを見極めることが重要です。それにより、

先の予測が正反対になるからです。

　お得な期間の買いだめであった場合、次に買うまでの期間が長くなります。その先の需要は一時的に下降すると予測できます。一方で、「セールでお得だからはじめて買う」という消費者もいます。商品を気に入ると、再び購入しようと思うかもしれません。この場合は、先の需要の水準が上がることになります。

　つまりセールによって一時的に需要が増えた場合、その先の需要予測を上方に修正するのか、下方に修正するのか、正反対の対応を迫られることになるのです（図3-17）。

　デマンドプランナーは商品の需要特性をよく考え、どちらの方向に需要予測を修正するのかを決めなければなりません。予測と反対の方向に需要が動いた場合、品切れや過剰在庫が発生する可能性が非常に高いため、むずかしい意思決定場面だといえます。

　各業界の需要予測でプロフェッショナルになるには、販売の現場に近いところでの実務経験が必須です。その経験を通して数字の背景を想像することができ、こうしたむずかしい意思決定ができるようになるからです。

図3-17　セール後の2種類の需要変動

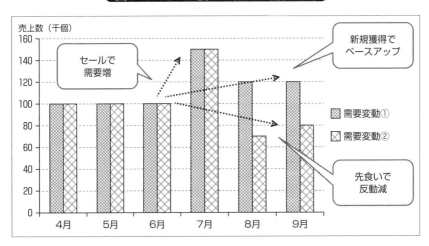

数字の背景の確からしさをどう判断するか

　数字の背景を正しく想像することは容易ではありません。実験のように条件を操作し、複数の結果を比較すれば推測できますが、ビジネスにおいて市場の条件のほとんどを操作することは不可能だからです。ただし、背景を想像するための情報はゼロではありません。

　前述したセール需要についても、消費者へ購入後アンケートを大規模に実施できれば、先の需要変動を予測する材料になるでしょう。しかし、そうした調査には丁寧な設計と少なくない分析時間や費用がかかるため、迅速な意思決定が必要とされる需要予測の修正場面においては向いていないといえます。

　代わりに、消費者と直接接している販売員や営業担当者にヒアリングを行なえば、アンケート調査よりもコストを抑えて情報を得ることができるでしょう。ただし、これはバイアスがかかった情報であることを認識しなければなりません。人はそれぞれ、置かれてきた環境が異なりますし、従事してきた業務の影響も受け、考え方の癖を持っています。そのため、ヒアリングを行なう人数が少ないときは、バイアスの影響を受けた結果になる可能性が高く、それを認識して意思決定に活用すべきといえます。

　また、バイアスはヒアリングを受けるほうだけではなく、行なう側にもあることに気をつけなければなりません。調査を行なう際に仮説を構築しているはずですが、自分の仮説を支持する証拠を無意識に集めようとします。これは「確証バイアス（Confirmation Bias）」と呼ばれます。こうした人の思考・行動に関する認知科学的な特性を踏まえ、数字の背景を想像する必要があります。

　また、販売現場へのヒアリング以外にも、インターネット上にある消費者の声を知ることで、数字の背景を想像することもあります。これは、膨大な量をほとんど無料で見ることができるものの、玉石混合であり、極端にいえば嘘やデタラメな情報が混じっています。インターネット上の情報は信頼性について考慮する必要があります。基本的に匿名の情報は信頼性

が低いです。ただ、それが十分な量ある場合（目安は100以上）は参考に
できる場合もあります。インターネット上の情報の発信者や所属と意見の
量は、必ず確認すべきです。

　真実はわからないことを前提としながらも、デマンドプランナーは可能
な限りさまざまな角度から情報を集め、数字の背景を想像する必要があり
ます。その情報の効率的かつ効果的な集め方も含めて、需要予測のセンス、
スキルといえるでしょう。

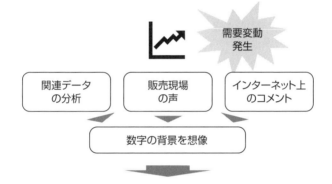

図3-18　需要変動時のアクション

因果モデルによる既存商品の需要予測

中長期の需要予測には因果モデルが有効

環境変化の可能性が高いと時系列モデルは使いづらい

　既存商品の需要は、過去データの解釈を踏まえた補正と調整を継続的に行なうことができれば、基本的には多くの商材で高精度の予測が可能です。

　しかし、これは短期の需要予測においての話です。なぜなら中長期の需要予測では環境変化によって企業の施策に変更がある可能性が高くなり、時系列モデルでの予測がむずかしくなるからです。

　既存商品の中でも売上規模の大きな主力品については、1年以上先までといった中長期の需要予測が必要になる場合があります。また、リニューアルの前も慎重に最終生産量を決める必要があり、中長期の需要予測が求められることになります。こうした中長期の予測では、時系列モデルに加えて因果モデルも併用することが有効になります。

訪日外国人はいつ戻ってくるのか

　2020年の新型コロナウイルスの感染拡大に伴い、海外からの渡航規制が実施されました。これにより訪日外国人数が激減し、2015年以降の急拡大が一転、2020年3月以降はインバウンド需要が消失しました。このとき、訪日外国人に人気のあった商品の中長期の需要予測は、どのように行なうのがよかったのでしょうか？

　これは想像しやすいと思いますが、時系列モデルは期待できません。なぜなら2020年春の需要の急下降が未来でも起こると予測されるからです。過去数年分を参照するモデルでも、異常値として除去しなければ、2020年ほどでなくても影響を受けるはずです。

　この場合は、訪日外国人数を1つの説明変数とした因果モデルを構築します。訪日客数がいつ、何人くらい戻ってくるかを予測する必要はありま

すが、それを入力することで、時系列モデルよりも確からしい予測を行なうことができるでしょう。

　4章や6章でも説明しますが、因果モデルは説明変数の入力値を複数試すことで、需要をシミュレーションすることができます。理想的には、時系列モデルを使った予測値と因果モデルを使った複数のシナリオ別の予測値を算出し、それらを関係者で議論して、需要予測を行なうのがよいです。

顧客層別にモデルを分ける

　より高度な併用としては、顧客層別にモデルを分けるという方法もあります。先ほどの例では、訪日外国人と日本人を分けるといった考え方です。

　日本人の需要は、渡航規制の影響は受けません。緊急事態宣言や生活の変化の影響は受けますが、過去データを若干補正することで、時系列モデルが有効になる可能性が高いといえます。これを踏まえ、日本人の需要と訪日外国人の需要を分け、それぞれを時系列モデルと因果モデルで予測するといった方法もあるということです。

　これには、過去のデータを顧客層別に分けられる必要がありますし、過去データを補正するには需要予測のスキルが必要です。ただ、こうした考え方は顧客層だけでなく、因果関係が異なるセグメント別に需要を予測するという発想は非常に有効です。グローバルにビジネスを展開している企業であれば国別、エリア別、営業戦略が異なるのであればアカウント別、販売チャネル別といったアレンジも可能になるからです。

　注意すべきなのは、ただ細かく分けても精度はよくならないという点です。2章-1のフォーキャスティング・プリンシプルで紹介した通り、粒度が細かいほど、基本的には予測精度は悪化します。あくまでも需要の因果関係が大きく異なる場合のみ有効であることは、頭に入れておいてください。

　中長期の需要予測では、因果モデルも併用することで精度向上を目指すことができるでしょう。

統計モデル VS 人的予測

統計学は一時期脚光を浴び、魔法のようになんでもできるツールだと思われていた節があります。需要予測未経験のシステム担当者から、「数学を使って予測モデルを作れば、予測精度は上がるのではないか？」と質問を受けたこともあります。10年以上前に私が所属していた需要予測グループでは、何千という商品の需要予測を人が行なっていました。果たして、統計的な予測モデルと、人による予測では、どちらのほうが高精度なのでしょうか？

私は需要予測システムの構築を通じて、少なくない企業から高度な統計的予測モデルの提案を受けてきました。現実の需要データを使って予測をしてもらい、各モデルの精度を評価しました。その際、人が行なった予測の精度とも比較しました。数年間の過去データを使って、その先の数か月の需要を予測するという短期間のシミュレーションでしたが、最も精度が高かったのは「人による予測」でした。

この要因についてコンサルタントと議論し、化粧品の需要には、販売員の推奨や友人や著名ブロガーの口コミ、テスターを使ったときの感触の好み、自分の肌との相性など、数字で表現することがむずかしい要素が影響しているためと総括しました。こういった定性的な曖昧ともいえる情報を柔軟に考慮できる人のほうが、今は統計モデルよりも高い精度で予測ができるのだと思います。ただしどの統計的な予測も、実用には向かないというレベルではなく、うまく対象品を選定できれば省力化が図れると感じました。

このシミュレーションは、過去データが十分にある商品に絞って行なわれました。つまり、セールス・プロモーションの対象となる商品は少なく、需要予測の難易度は低めであったことをつけ加えておきます。

この結果から、過去データが十分にあり、大きな環境変化が起こりにくい商品であれば、統計的な予測だけでも十分な精度が狙えると考えられます。そうした商品の予測はシステムに任せ、人はより難易度の高い、過去データのない新商品や、環境変化によって水準が変わりやすい商品の需要予測に時間を割くのが賢明です。

第4章

新商品の需要予測

過去データのない「発売前時点の需要予測」は、多くの企業で課題とされています。また、世界でも支配的な新商品の予測モデルはありません。グローバルのトップメーカーが採用するレンジ・フォーキャストとは何か。そのために設計すべき予測モデルはどんなものなのか。ビジネス環境の不確実性が増す中では、1つの数字に賭けるのではない、発想の転換が求められています。

4-1 新商品の需要予測モデル

グローバルで支配的なモデルはまだない

新商品需要予測の3つのモデル

最もむずかしく、ほとんどの企業が悩んでいるのが新商品の需要予測です。新商品の需要予測ロジックは大きく3種類に分類されています（Kahn, Kenneth B, 2012年）。

（1）判断的モデル

予測というよりは目標や予算に近いのが、エグゼクティブからのトップダウン計画や営業担当者からの計画の積み上げです。他に、すでに紹介したデルファイ法や、消費者の心理、購買行動のフェーズの遷移率を推定するAssumption-Based Modelingなどがあります。

（2）定量的モデル

時系列モデルや回帰モデルなどが挙げられていますが、これらは過去データが必要なため、発売前に行なう場合は新商品と特徴（属性や販売チャネル、マーケティング・プロモーションなど）が類似する商品のデータを活用することになります。

（3）市場調査

これは需要予測というより、商品開発やマーケティング・プロモーション検討のために行なわれるものです。商品コンセプトの魅力を聞くコンセプトテストや、機能的な評価のためのユーステスト、市場規模を推計するためのテストマーケティングなどがあります。

このように、新商品の需要予測にもさまざまなロジックがあります。し

かし、圧倒的に高い精度のものはなく、グローバルでも支配的なものはありません（Chaman L, Jain, 2017年）。そこで需要予測で先進的な企業では複数の予測モデルを使い、三角測量的（Triangulation）に"幅を持った"需要予測を行なう傾向があるそうです。これはレンジ・フォーキャスト（Range Forecast）と呼ばれます（Chaman L, Jain, 2020年）。

商品の新規性が高いほど、ロジックによって予測値がばらつきます。これを逆手にとり、需要の変動幅と捉える発想の転換です。実際に私も、次の3つのモデルを駆使し、レンジ・フォーキャストを主導してきました。

①**類似商品ベースのAnalogous予測（Analogous Forecasting）**
②**AHP（Analytical Hierarchy Process）の応用**
③**機械学習（AI）**

AHP（Wind & Saaty, 1980年）は階層化意思決定法と訳され、複数の判断軸と選択肢がある意思決定の因果関係を階層構造で表現した後、一対比較と行列計算で選択肢のウエイトを算出し、意思決定を支援する手法です。これは需要予測としては使われてきませんでしたが、私はこれを応用したモデルを設計し、提案しています。これは特に、類似商品がない場合に有効で、他のロジックより高精度の傾向があることを示しました（Yamaguchi & Iriyama, 2021）。

ビジネスの需要予測は、最終的には意思決定です。

デマンドプランナーだけでなく、マーケティング、営業、経営管理部門などで合意するコンセンサス計画です。その判断を高度化するために、新商品の予測モデルは使われるべきだといえます。1つのモデルからの予測値を信頼しすぎるのではなく、使われているデータの網羅性やロジックの論理性を踏まえて、冷静に解釈できるスキルが重要になります。

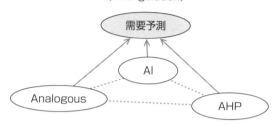

図4-1　新商品需要予測の考え方

世界で支配的なモデルはない！

複数のロジックから検討すべき
(Triangulation)

需要予測

AI

Analogous

AHP

多くの企業で使われている新商品の予測モデル

　私の調査から、104社中半数以上が類似商品ベースのロジックを採用しているという結果が得られています。ここで紹介した多くの新商品予測モデルも類似商品のデータ分析を伴うものです。

　定量的モデルはすでに記載した通りですが、市場調査も、多くのものは自社、他社の同価格帯、同カテゴリーの商品との比較を行ないます。売上が既知の類似商品と調査結果を比較することで、新商品の需要予測を行なうからです。中には新商品のみの評価を基に、需要を予測する調査もありますが、補正係数を掛けることが多く、これは類似商品の過去データを参考に設定される場合がほとんどです。

　類似商品の分析ベースのモデルの次に多かったのが、目標ベースでした。これは主に判断的モデルです。トップマネジメント層が企業の状況、市場環境、競合の攻勢などを踏まえて設定したり、営業担当者が売上予算、担当エリアでの顧客のニーズ、競合とのシェア争いなどを踏まえ、報告したものを積み上げるものです。

　2018〜2020年の調査では、発売前の需要予測にAIを使っている企業はありませんでした。

　しかし、2023年に、私がファシリテートする「需要予測研究会」などの会合やビジネス講座の中でヒアリングすると、1割程度の企業で取り組みが始まっていました。ただ、こうした会合や講座に参加する企業はSCMへの投資意向が高く、需要予測の取り組みも進んでいるため、全企業ではまだほとんど取り組まれていない状況だと感じます。

　需要予測にAIを活用する企業は今後も増えていくでしょう。その中で、関連部門間でのコンセンサスが必要になるというのは変わらないと考えています。

図4-2　新商品需要予測のアプローチ（筆者調査）

新商品需要予測のアプローチ			
	類似品ベース	目標ベース	その他
全体	51%	38%	11%
B to B	47%	33%	20%
B to C	45%	42%	13%

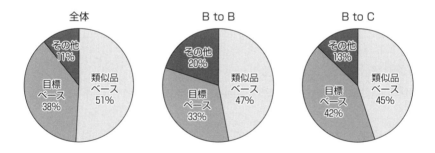

4-2 新商品の種類

新商品の４つのタイプごとに予測の考え方は異なる

新商品の４つの種類

新商品には、大きく分けて次の４種類があるといわれています（Chaman L, Jain, 2017）。

（1）ライン拡大

ブランド内でこれまで配置のなかったカテゴリーを発売するタイプです。他のブランドでは、そのカテゴリーはすでに配置されています。

（2）市場拡大

新たなエリア、チャネルでの販売を開始するタイプです。新商品というよりは、新市場への進出といえます。

（3）商品改良（リニューアル）

既存商品の中身や外装を新しくするタイプです。

（4）市場初（New to the World）

これまで市場にはなかった機能を持つカテゴリー、商品を発売するタイプです。

これらについて、（３）以外の具体例を、需要予測の観点から紹介します。

配置の拡大「ブランド内新配置カテゴリー」

まずは、ライン拡大（Line Extension）の例です。IBFの2016年の調査（n＝791）では、これが最も多く、新商品の30％を占めるそうです。ブラン

ド内にはないカテゴリーの新商品が発売される場合です。

　たとえば、今はパウダータイプ（固型）のファンデーションしか配置されていないが、新たにリキッドタイプ（液体）が発売になる場合で考えてみましょう。

　パウダータイプとリキッドタイプのファンデーションには、ニーズの差があります。その度合いは消費者の世代やライフスタイルによっても異なります。このとき、需要予測は次のように考えます。

- ベースは新商品と同じブランドのパウダーファンデーションとする
- パウダータイプとリキッドタイプが両方配置されていて、かつ、予測したい新商品のブランドと、販売されている店舗や価格帯が近いブランドのファンデーションの売上構成比を調査する
- 調査した他ブランドにおける、パウダーとリキッドファンデーションの売上構成比を使って、新商品の需要を予測する

　計算式として表現すると次のようになります。

「ブランドＡの新配置リキッドファンデーションの需要」＝「ブランドＡのパウダーファンデーションの売上」×「ブランドＢリキッドファンデーションの売上」／「ブランドＢのパウダーファンデーションの売上」

　まず、同じブランドのパウダーファンデーションをベースとしている理由は、ブランドを揃えることで、取り扱い店舗や消費者からの認知度、プロモーション規模など多くの条件が似るため、検討すべき項目を減らせるからです。ただし、この場合はリキッドとパウダーのニーズ差は考慮できていません。そこで、他のブランドにおけるニーズ差を使います。

　このとき、基本的にはライバルブランドにおけるニーズ差を活用します。ライバルブランドであれば、消費者の特性が似るためです。

　同様の考え方が、USJ（ユニバーサル・スタジオ・ジャパン）のハリー

ポッターエリア新設の際の来場者数（伸長率）予測に使われています。『確率思考の戦略論』（森岡毅、今西聖貴著　角川書店　2016年）によると、スターウォーズやスパイダーマンなど、他の映画のアトラクション導入時における、テーマパークの来場者数の伸長率をベンチマークに、上映本数で補正した映画の動員客数を比較して予測したそうです。

　他の映画における映画の動員客数と、アトラクション導入時のテーマパーク来場客数の伸長率を使って、予測したい映画の動員客数から予測するという考え方は、ここで挙げたブランド内新配置カテゴリーの予測手法に非常に似ています。実際は他にも条件を加味していると思いますが、単純に記述すると、次のような式になると考えられます。

「ハリーポッターエリア新設によるテーマパーク来場客数の伸長率」＝「ハリーポッターの映画の動員客数」×「スターウォーズアトラクション導入時のテーマパーク来場者数伸長率」／「スターウォーズの映画の動員客数」

新市場への進出「新ブランド導入」

　次に、市場拡大（Market Extension）に含まれる、新しいブランドが導入される場合の需要予測です。新ブランドは基本的に、今までに進出していない市場（顧客層、エリア、販売チャネルなど）を攻めていくためのアクションであるため、市場拡大と考えます。

　化粧品では、化粧水や口紅、ファンデーションなど、いわゆる王道な、さまざまなブランドで配置されているカテゴリーがあります。飲料メーカーでも、水やお茶、ビールなどはだいたい配置されています。化粧品で新しいブランドが立ち上がるとき、王道のカテゴリーのいずれかは配置される場合が多いといえます。

　これまでのブランドポートフォリオでは攻めることができなかった市場には、競合他社がブランドを配置している場合が多いため、そこからシェアを奪っていくことになります。最初からそこでNo.1を目指すのか、まずは○％のシェアを目指すのか、市場規模や成長性、投資金額などから目標が決まっているはずです。市場規模と目標とするシェアがあれば、新ブラ

ンドとして獲得すべき需要が計算できます。そこから商品別の需要を予測していくのです。

このときに参考にすべきなのが、条件が類似する他ブランドにおける、カテゴリー別の売上構成比です。

「新ブランドCにおける化粧水の需要」＝「今回狙う市場の規模」×「目標とするシェア」×「類似ブランドDにおける化粧水の売上構成比」

ただしこのとき、参考にするブランドDのカテゴリー配置が、新ブランドCに似ている必要があります。こうして、狙う市場と目指すシェアから、商品別の需要予測をすることができますが、注意しなければならない重要なポイントがあります。

それは、「何を中心に売っていくのか」というマーケティング戦略です。

参考にしたブランドD では口紅を主力としたプロモーションが行なわれている一方、新ブランドCでは化粧水を中心にしているかもしれません。この場合、構成比は大きく変わります。

さらにもう1つ、この方法で予測が外れる要因があります。それは、マーケティングの失敗です。類似商品をベースとする考え方では、消費者の反応もある程度は考慮していることになりますが、この目標をベースとした考え方ではカバーできません。これが誤差の要因になります。

新価値を備えた新商品の発売

最後はブランドもカテゴリーも似ている商品が見つからない場合です。

これは「New to the World」、つまり、これまでの市場になかった新しい価値の提供を狙う新商品となります。

たとえば、これまで口紅やファンデーションなどを配置していたブランドが、化粧品のデザインや処方を転用した入浴剤やボディーソープなどを発売するとします。そのブランドの名前を使って、消費者へ訴求していくことを考えているものの、競合含め、他の化粧品ブランドでも配置のないカテゴリーばかりだとします。

少し視野を広げれば、入浴剤やボディーソープを配置しているブランドがあります。しかし、それらのブランドには化粧品の配置はなく、また化粧品のようなスキンケア効果や情緒的価値がほとんどありません。そのため、前述したようなブランド内のカテゴリーの売上構成比を参考にすることはできません。また、取り扱う店舗も大きく異なるため、来店する消費者のニーズも把握することはむずかしいといえます。

　こうした場合は、一部の店舗でテスト販売するという方法が考えられます。これまで、化粧品をメインで扱ってきた店舗で入浴剤やボディーソープを販売した場合、化粧品に対してどれくらいの需要があるのかを調査するのです。できるだけ特殊な条件を排除した状態でニーズを調べることが重要となるため、プロモーションは行なわないほうがいいでしょう。また、店舗数も多くするのではなく、立地や広さなども熟慮して、特徴が偏らないように注意しなければなりません。多くの店舗に広げるほど、売れなかったときの在庫を多く抱えてしまうことになります。

　こうした調査を踏まえ、その需要を取り扱い全店舗へ拡大することで、予測を行なうことができます（この拡大については、4章-10でくわしく説明します）。

　この方法は、調査費用がかかることへのマーケティング判断や、どの店舗で調査を行なうのかという営業判断も必要となるため、単純に需要予測のことだけを考えて実施できるものではないことにも留意すべきです。

図4-3　新商品の種類と需要予測

新商品の種類	例	需要予測の考え方
ライン拡大	ブランド内で新たなカテゴリーを配置	競合ブランドにおけるニーズ差を参考
市場拡大	新たな顧客層を対象に新ブランドを配置	進出市場におけるシェア目標と既存ブランド内の売上構成、新ブランドの戦略を考慮
商品改良	既存商品の機能やデザインを強化	既存商品の実績をベースに市場トレンドの変化やマーケティング要素の差を考慮
市場初	今までの市場にない新たな価値を持つ商品を発売	テスト販売や有識者の直感、判断を論理的に活用

4-3 因果モデルのビジネス活用

プロフェッショナルの知見を使った影響度推定が有効

いろいろある需要予測モデル

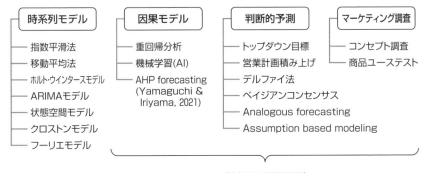

図4-4　需要予測のモデル

時系列モデル	因果モデル	判断的予測	マーケティング調査
指数平滑法	重回帰分析	トップダウン目標	コンセプト調査
移動平均法	機械学習(AI)	営業計画積み上げ	商品ユーステスト
ホルト・ウインターズモデル	AHP forecasting (Yamaguchi & Iriyama, 2021)	デルファイ法	
ARIMAモデル		ベイジアンコンセンサス	
状態空間モデル		Analogous forecasting	
クロストンモデル		Assumption based modeling	
フーリエモデル			

新商品の需要予測

　時系列モデルも含め、需要予測モデルを整理したのが図4-3です。本章では新商品の需要予測について説明していきますが、まずは需要予測の観点で最も重要な因果モデルにフォーカスします。

少ないデータをプロフェッショナルの判断でカバー

　因果モデルについては2章-6で説明しました。需要と影響する要素の因果関係をモデル化し、各影響度をたとえば回帰分析によって推定し、因果モデルを構築します。この要素に未来の仮定、予測を入力することで、予測値が算出されます。

　しかし、ビジネスの場面において、回帰分析を行なうためのデータが十分に集められないというのは時間や費用の制約でよくあることです。2章-6

127

同様に、訪日外国人に人気のある商品の例で考えてみましょう。

需要に影響する要素として、2つを挙げました。

①訪日外国人数
②為替レート

しかしこの他にも、考えられます。

③訪日外国人からの人気
④日本との国家間の関係性
⑤政府による訪日プロモーション

2020年以降であれば、さらに次のような要素もあるかもしれません。

⑥ウイルスに対するワクチンの接種状況
⑦感染防止への取り組み度合い

③の人気とは、具体的にどんなデータを指すのでしょうか。

④の関係性は、誰が評価した結果を使うのでしょうか。

⑤のプロモーションには複数の種類があるはずであり、かつそれぞれの質的な評価も異なります。

このように需要の原因となる要素を想定しても、それを正確にデータで表現するのは極めて困難です。こうしたデータを客観的に定義し、十分な量を用意することは、多くの企業にとってかなりむずかしいといえます。そのようなデータ状況の中で行なった回帰分析で推定される影響度は、残念ながら、信頼性が高いとはいえません。

ここで有効になるのが、人による影響度の判断です。しかし、誰の判断でもよいわけではありません。予測する商品のカテゴリー、顧客、市場について熟知したプロフェッショナルによるものです。

図4-5 現実の回帰分析のむずかしさ

説明変数	現実の制約
訪日外国人数	中長期の予測が困難（例：2020年のウイルス影響）
為替レート	中長期の予測が困難（因果関係が極めて複雑）
外国人人気	何で客観的に定量化するか 経時で人気が変化する可能性が高い
国家間の関係性	何で客観的に定量化するか 中長期の予測が困難
政府の訪日プロモーション	さまざまなプロモーションの質と量を何で評価するか 新しいプロモーションが登場してくる可能性が高い
ウイルス対策	さまざまな対策の質と量を何で評価するか

1. データの質と量の確保、客観的な評価がむずかしい
2. 影響度（係数）が中長期的には変化する可能性がある
3. 影響の大きい要素をもれなく設定する必要がある

類似商品との比較が思考を効率化する

　このプロフェッショナルによる推定の精度を高めるには、影響度そのものではなく、類似商品との比較度合いを考えてもらうことが有効です。比較対象があるほうが、回答がばらつかないというのは、みなさんにも経験があると思います。

　実際、化粧品の新商品の需要を予測する場合、同じブランド、カテゴリーの商品を参考にします。これは化粧品に限らず、お菓子や本、ビールや寿司屋の新規出店など、多くの業界の需要予測においても同様の考え方が使われています。

　私は過去に「人の推論」について研究していたことがあるのですが、「推論には物事の類似度が重要である」という仮説に基づいて実験・考察を行なっていました。推論と予測は非常に近い意味を持っており、条件の等しさとはまさに類似度のことです。つまり、需要予測にも商品や販売店舗、マーケティングなどの類似度が重要になると考えています。

類似商品との比較を使う因果モデルについては、この後で事例を紹介しながら説明します。その前に、商品の類似度について補足しておきましょう。

3種の近接性で考える商品の類似度

　需要予測における商品の類似度は、3種の近接性（距離的な近さ）で測ることができると考えています。

①時間近接性
②空間近接性
③価値近接性

　①の時間近接性とは、発売された年月日の近さのことです。これが近いほど、市場におけるそのカテゴリーのニーズや注目度も同程度になると考えられるからです。食品や衣類、化粧品など、さまざまな消費財において「流行」があることを考えると、理解しやすい考え方でしょう。

　②の空間近接性とは、商品が販売される店舗の特徴の近さのことです。立地条件や販売員の数、店舗の面積、扱っている商品のカテゴリーなどによって決まる特徴です。

　③の価値近接性とは、消費者が感じる価値のことで、それには機能的な面と情緒的な面があります。実際に商品が備える機能と、その使用体験による感情面の動きのことです。機能は商品の属するカテゴリーに紐づいたものですが、その商品単体ではなく、価格とセットで評価されることが多いです。これはコストパフォーマンスなどと呼ばれ、商品の価値に影響しているといえます。

　また、感情面の動きについては、「ブランド」と密接な関連があります。同じ機能、価格でも、ブランドによって魅力が大きく異なることは、過去

の購買体験から理解できると思います。

　近接性とは本来、物理的な距離の程度を表す言葉ですが、ここではそれを少し拡大解釈して、人が感じる心理的な距離をも含めて述べています。これらを用いて商品間の類似度を測定できると考えられますが、ビジネスの現場においては、人がこれを経験に基づく感覚で評価していることも多いでしょう。

　類似度が重要だということは、見方を変えると、条件の差が重要であるともいえます。この考え方を使って、私は新商品の需要予測モデルを構築しました。プロフェッショナルの判断を使う因果モデル設計の例として、次節で紹介します。

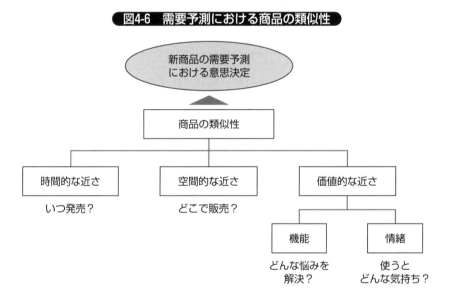

図4-6　需要予測における商品の類似性

4-4 因果モデルの設計

コミュニケーションのためのモデルデザイン

モデル構築のメリットとデメリット

　因果モデルによる予測では、要素（説明変数）を何にするかが、デマンドプランナーの腕の見せどころになります。

　私が需要予測を担当したばかりのころは、発売時の需要予測のロジックは、担当者によってさまざまでした。しかし3年以上、他の担当者による需要予測のロジックを見て、また私自身も試行錯誤を繰り返しながら予測を行なう中で、考慮すべき重要な要素は膨大にあるわけではないことに気づきました。それを整理し、需要予測のモデルとしてまとめたのです。

　予測モデルにはメリットとデメリットがあります。

　まずメリットとしては、自分の仮説を支持する証拠ばかりを集めてしまう「確証バイアス」を抑えることができます。モデルがあると、それに沿って各要素について情報集めていくため、自分の感覚や直感とは合わない情報についても考慮せざるを得なくなるからです。

　また、因果モデルは要素の値をいろいろと入力してみることで、需要をシミュレーションすることができます。これは7章-2で具体的に説明します。さらに、因果モデルによって需要の因果関係を整理しておくと、需要予測AIの構築も効率的に行なうことができます。これは8章-3で補足します。因果モデルはわかりやすいため、コミュニケーションのスピードアップにも役立ち、使ってみるとその有用性を実感するはずです。

　一方、デメリットは「利用可能性ヒューリスティック」によって、モデル以外の新しい考え方をしなくなってしまうことです。モデルがあると、特にたくさんの仕事を抱えている担当者は、それを使って効率的に予測を

行ないます。そのモデルが有用であるほど、この傾向は強まります。その結果、より高い精度を目指して、時間と労力をかけて、新しい予測ロジックを考え出そうとしなくなってしまうのです。

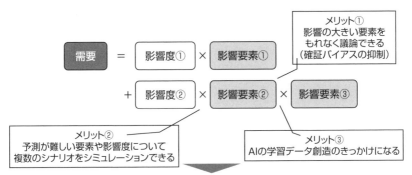

図4-7　因果モデル活用のメリット

コンセンサスの精度とスピードを高める

マーケティング要素比較モデル【化粧品の事例】

化粧品の需要を予測する「マーケティング要素比較モデル」は、次の方程式で記述されます。

「新商品の需要」
＝「類似商品の過去実績」×「該当カテゴリーの市場トレンド」×「ロジカルに算出できるニーズ差」×「マーケティング要素比較」

「マーケティング要素比較」とは、新商品と類似商品のマーケティング要素の差を比較する項目で、たとえば次の5つで定義します。

・コンシューマー・プロモーション
・リテール・プロモーション（非人的）
・リテール・プロモーション（人的）

・商品価値（機能・情緒）
・その他、価格訴求力やブランドイノベーションなど

　これらは特に、カウンセリングを通じて販売する化粧品の需要に影響する要素です。リテール・プロモーションが2種類に分かれているのは、おそらく化粧品に特有で、小売店の販売員によるカウンセリングという要素が重要だからです。これを人的なリテール・プロモーションと表現しています。一方で、非人的なリテール・プロモーションとは、小売店の売り場の展開やセール、キャンペーンなどを指しています。

　ポイントは、新商品の需要に影響が大きい要素をモデル化していることと、それを類似商品との比較で評価できるように設計していることです。

　よく見る因果モデルは要素が足し算の形ですが、マーケティング要素は相互に影響し合うものなので、こうした交差項と呼ばれる掛け算の考え方で表現しています。

数字で説明できる「ベース・フォーキャスト」

　類似商品と新商品の条件差が多いほど、考慮しなければならない要素が増えるため、誤差が大きくなる可能性が高くなります。つまり予測精度を上げるには類似商品の選択が重要になります。

　「該当カテゴリーの市場トレンド」とは、新商品が含まれる価格帯、カテゴリー全体のニーズの変化のことです。たとえば、高価格帯の美白美容液市場がインバウンド需要によって伸長している、中価格帯のマスカラ市場が低価格帯の機能向上によって縮小しているなどといった、大きなくくりによる市場変化です。

　条件が似ている類似商品を選んだとしても、当時と市場環境まで同じということはありません。それが1年くらいの差であれば、大きな変化が起こっていることは少ないかもしれませんが、5年や10年も前の実績を使う場合は、特に注意する必要があるといえます。

　「ロジカルに算出できるニーズ差」とは、たとえば、類似商品が1種類

の配置だったところ、新商品は詰め替え用も配置されて2種類になるといった場合に試算する項目です。詰め替え用は再購入の際に選ばれるので、この配置によって需要が急増するわけではありません。そのため、需要は分散します。

　このとき、すでに詰め替え用も配置されている美容液や化粧水などの売上構成比を使って、需要を計算します。これが「ロジカルに計算できるニーズ差」です。

　このような詰め替え用の配置の他にも、タイプ違いを新配置する場合（パウダータイプに加えてクリームタイプのチークを配置するなど）や、他のカテゴリーに属する商品を類似商品とする場合などにも考慮する項目です。

　これらの項目については、ある程度数字で説明でき、関連部門でのコンセンサスのベースとなるフォーキャスト（Base Forecast）となります。

感覚や意思を可視化する「マーケティング要素比較」

　ベース・フォーキャストは、過去データをエビデンスとするため、人の意思が入りづらくなります。しかし、発売前に行なう需要予測ではさまざまなマーケティングが計画されていて、それを加味する必要があります。これを分解、可視化するのがマーケティング要素比較です。

　もちろん、計画的な要素であるとはいえ、できる限りエビデンスとなるデータは用意すべきです。そのデータは過去の事実というよりも、モニター調査の結果であったり、理論的に計算したターゲット層の規模であるでしょう。

　マーケティング要素比較については、戦略を考えるマーケターが入力するのが基本です。新商品の売上は、マーケターが担当するブランド、ビジネスユニットの成長戦略に合わせて計画するものだからです。ただし、意気込みだけで計画を立てると過剰在庫を生むことになるので、因果モデルによって「今回の新商品は、何に力を入れるから、これくらいの売上規模を目指せる」という意思を明確にし、社内でのコンセンサスを目指します。

4-5 因果モデルを使った コンセンサス・フォーキャスト

比較対象が議論のスピードと精度を高める

類似商品との比較による影響度推定

各マーケティング要素については、類似商品との比較で、パーセンテージで入力します。ゼロベースで影響度を推定するよりも、類似商品の状況と比較するほうが簡単であるため、圧倒的にスピードが速く、精度も高くなります。このマーケティング要素比較モデルは、「類似商品の実績をベースにして、条件が同じ要素についての検討を省略する」という考え方のため、検討すべき条件も類似商品との比較においてという前提があります。

マーケティング要素の項目は、結果的にマーケティングの古典的な考え方である4P（Product, Place, Price, Promotion）を網羅するものとなっています。

「AIDMA」理論に基づく要素のかけ合わせ

ベース・フォーキャストについては、類似商品の実績に市場の変化やニーズ差をかけ合わせるという式であり、大きな異論はないかと思います。一方で、マーケティング要素比較項目については、本モデルではかけ合わせにしているものの、足し算のほうがいいのではないかという意見も散見されます。しかし、私が他業界で使われている予測モデルも含めて考えた結果、これについて正解はありませんでした。

私がかけ合わせで設計したのは、営業時代の経験を参考にしています。営業担当者として販売員の方々と接する中で、各要素は独立なものではなく、相乗効果が存在していると感じていたからです。これを表現するためにかけ合わせのモデルを構築したものの、足し算モデルの違和感は、相乗効果項目を追加するのであればなくなります。ただし、その場合は検討す

べき項目は増えます。また、回帰分析を使う場合は多重共線性も確認しなければなりません。

　古典的なマーケティング理論の1つに、「AIDMAの法則」があります。これは、購買行動における消費者の心理的なプロセスを表現した仮説で、アメリカのローランド・ホールによって提唱されたものです。その仮説によると、商品の購買にあたり、消費者の心は次の5つの過程を経るとされています。

- Attention（注意）
- Interest（関心）
- Desire（欲望）
- Memory（記憶）
- Action（行動）

　これはマーケティング戦略を、5つの過程に合わせて考えるためのものであり、それは各過程が独立ではないと考えられるためではないでしょうか。そのため、各過程に影響するプロモーションも独立しているとはいいがたいのです。

　近年では消費者の購買だけでなく、その後の行動まで踏まえたモデル「AISAS」が株式会社電通から提唱されています。このモデルは

- Search（調査）
- Share（共有）

という、インターネットやスマホの浸透によって、消費者が主体的に情報収集、発信をするようになったことが反映されています。

　消費者が同じものを求め、同じ行動をしていたマス・マーケティング主流の時代から変化しているといえ、一方向のマーケティング・ファネルの

考え方に沿った予測モデルでは対応しきれなくなってきているかもしれません。

因果モデルがコンセンサスを高度化する

　予測モデル構築の最終的な目的は、コンセンサスの高度化による予測精度の向上です。そのためには、決めたモデルに沿って知見を蓄積していくナレッジマネジメント（Knowledge Management）が重要です。先述のモデルのマーケティング要素比較の％の入力は、過去の分析知見を参考にします。この知見はナレッジマネジメントで創出されるものです。具体的な手順については、４章-8で説明します。

　人の意思決定の精度を高めるためには、参考となる情報を整理し、活用できることが有効です。この情報の体系的な整理のために、因果モデルが貢献します。

　時系列モデル、判断的モデル、市場調査は、需要の因果関係を説明するものではありません。時系列モデルは、過去データの分解と、条件が変わらない前提での延長。判断的モデルの根拠は、予測者次第。市場調査はその時点での一部の消費者の意向です。そのため、次のようなコンセンサスのためのプロセスには使いづらいといえます。

・新商品発売時の新たな条件の考慮（市場環境やマーケティング計画）
・複数の関連部門での前提と根拠に関する議論
・不確実性に対する需要シミュレーション

　もちろん、ここで紹介したものも含め、すべての因果モデルは完璧な因果関係は表現していません。しかし、ビジネスにおいては完全さよりも効率性のほうが優先される場面が多くあります。因果モデルの構築は、効率的かつ高度なコンセンサス・フォーキャスト（Consensus Forecasting）のための１つの手段として捉えてください。

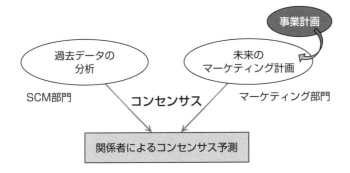

図4-8　需要予測にはコンセンサスが必須

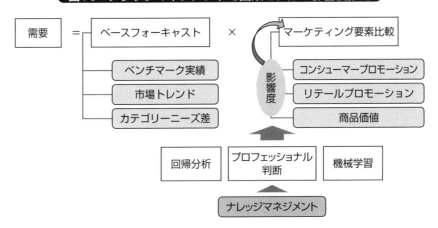

図4-9　ナレッジマネジメントで因果モデルの影響度推定

認知科学で読む需要予測

　私の大学院での研究テーマは、「推論と類似度」でした。人の認知過程の1つである推論には、物事の類似性が重要な役割を果たしているという仮説の下、単語間の類似度を確率的に表現する研究を行なっていました。

　そして化粧品の需要予測に携わる中で、それが認知過程の1つなのではないかと考えるようになりました。

　たとえば4章で述べた、「新商品の需要予測には商品間の類似度が重要な役割を果たしている」という仮説は、まさに大学院で研究していたテーマと酷似しています。

　需要予測が認知過程の1つであるならば、これまでに研究され、蓄積されてきた認知科学の知見が、予測精度の向上に役立てられるはずだと考えました。

　特に私が注目したのが、人だからこそ起こしてしまう、次のような需要予測のミスです。

- 入手しやすい情報だけを使って予測してしまう
- 少ない事例を過大評価して、普遍的だと考えてしまう
- 自分の感覚を支持する情報ばかりを集め、反例を軽視してしまう
- 無意味な数字に引っ張られた予測をしてしまう
- 本当は、自分はわかっていたと予測を振り返ってしまう
- 周りの空気に合わせて予測してしまう

　これらは人の心が起こす行動ですが、すべてが予測をミスリードする可能性があります。こうした認知バイアスの怖いところは、わかっていても無意識に行なってしまう可能性があるということです。これを防ぐためには、認知バイアスについて知っているだけでは不十分で、こうしたミスリードを引き起こさない環境を整える必要があります。

　認知科学の知見を、需要予測の事例とかけ合わせ、需要予測の進化につ

ながる仮説を構築していこうと考えています。学生を主な読者に想定した新書、拙著『品切れ、過剰在庫を防ぐ技術』（光文社新書／2018年）に、需要予測における認知科学的なミスエピソードを整理していますので、認知科学に興味を持った方はご参照いただければと思います。

　私の予測に反して、この本は世界でもトップレベルの日本メーカーの需要予測担当者の方には、大量のアンダーラインを引いて熟読していただきました。後に数時間かけて「需要予測における認知バイアス」をテーマにディスカッションしました。先進的な予測モデルを使っているデマンドプランナーほど、このテーマは興味深いのだと考えられます。

4-6 目標ベースの需要予測

目標を目指して人の行動が変わる

営業部門が強い企業で使われる

新商品の需要予測に関する私の調査では、類似商品の分析ベースの次に多かったのが目標ベースでした。特にB to Cの企業では4割以上を占めています。

こうした企業の実務家とのディスカッションから、目標ベースのロジックを選択する主な理由は、他に信頼できるロジックがないからということが見えてきました。

特に営業部門が強い企業において、営業担当者からの報告値を積み上げるロジックが採用されています。営業担当者は顧客について社内で最もくわしいため、これも1つの有効なロジックだと思います。

一方で、売上予算達成のための在庫確保バイアスや、予算設定を低くするためのコンサバ報告バイアスがあるため、精度の観点では問題があることも事実です。

実際、私が担当してきた需要予測のビジネス講座では、こうした企業から、新商品需要予測のための因果モデルを設計したいという要望をいただくことが多くあります。営業担当者の報告値に対し、カウンター・フォーキャストとなる予測値が欲しいというものです。

2次のカオス系としての新商品需要予測

新商品の需要予測では目標ベースの考え方も必須です。なぜなら、新商品は冷静に需要を当てるべきものではなく、目標に向けて、関係者で試行錯誤して売るべきものだからです。目標ともなる予測値の提示によって、マーケティング、営業部門を中心に、より価値を伝えるためのプロモーションを考えるでしょう。これが需要を創り出すという側面があるはずです。

これは、2次のカオス系と呼ばれる概念です。カオス系とは、複雑な因果関係があり、条件の変化によって、結果が予測できないほど大きく変わってしまう系のことです。顧客や競合の心理、行動を含む市場環境や、さまざまなマーケティングプロモーションなどが影響する消費財の需要は、一種のカオス系といえるでしょう。

予測が結果に影響しないものを、1次のカオス系といいます。

たとえば地震がそうです。発生時期を予測しても、備えはできても、地震の発生には影響を与えることができません。

一方で、予測が結果に影響を与える、土砂災害は2次のカオス系になります。土砂災害が予測された場合は、補強工事を行なうことで、防げる可能性が高くなります。

新商品の需要予測は、それによって関与者の行動が変わり、需要も変わる2次のカオス系だと考えられます。ビジネスにおける需要予測では、こうした視点からも考える必要があり、目標ベースのロジックは必須だといえます。

データ分析と目標によるレンジ・フォーキャスト

ここで私が推奨するのが、データ分析ベースの需要予測と、目標ベースの需要予測を併用することです。ともに社内でオーソライズされたロジックを整備し、定例オペレーションとして実行できる仕組みを構築します。双方をデマンドプランナーが主導することで、レンジ・フォーキャストで需要変動を予測します。

具体的には、目標ベースの需要予測でコンセンサスを得た場合でも、因果モデルを使ったデータ分析ベースの需要予測も提示し、その乖離を在庫リスクとして金額化し、発信します。SCM部門では、これを踏まえて在庫計画を立案したり、発売後に早期に減産できる体制を準備したりします。

マーケティング部門は、目標に向けたストレッチ度合いを販売チャネルやアカウント別などに分解し、営業部門が具体的なアクションを考えやすいようにします。

財務、経営管理部門では、過剰在庫のリスクを金額換算し、利益へのマイナス影響を想定しておきます。必要なら、なんらかのコスト削減を検討しておいてもよいでしょう。

　このように、レンジ・フォーキャストの発信によって、さまざまな関連部門がリスクヘッジに向けて具体的にアクションができるのです。こうした動きは、デマンドプランナーがリードできるのが望ましいでしょう。

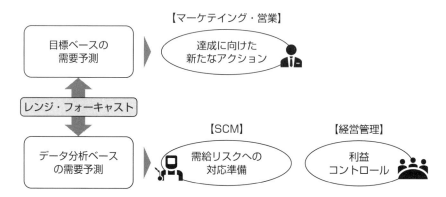

図4-10　需要に影響を与える予測

【マーケティング・営業】

目標ベースの
需要予測

達成に向けた
新たなアクション

レンジ・フォーキャスト

データ分析ベース
の需要予測

【SCM】

需給リスクへの
対応準備

【経営管理】

利益
コントロール

4-7 調査ベースの需要予測

精度よりも説得の一材料

市場調査は商品開発の1プロセス

新商品は、新しい価値を顧客や市場に提供することを目指し、発売されます。商品開発部門が仮説を基に、ブランド独自の価値を加えて商品を開発します。この過程で、本当に消費者が想定通りの価値を感じるのかを、市場調査によって検証するケースがあります。

市場調査には、コンセプトテストやユーステスト、テストマーケティングなどがあり（Kahn, Kenneth B, 2012）、こうした調査で狙い通りの結果が得られない場合は新商品の開発が進まなくなるといったルールを設けている企業もあります。

調査結果を基に需要を予測できる

市場調査は、少数ですが、一部の消費者のニーズを調べているとも解釈できます。この情報を使って需要を予測することも可能です。実際、市場調査と需要予測をセットで提供しているマーケティング支援会社もあります。こうした企業の予測ロジックは非公開ですが、私が実務でかかわってきた複数の事例から、基本的には既存商品との比較によって需要を試算するものだとわかっています。

市場調査では新商品の魅力や購入意向などが定量的に評価されます。過去に発売された商品の調査結果と実績を比較すると同時に、既存商品についての評価も調査することで予測モデルを構築することが可能です。模擬店舗を用意し、実際に既存商品も陳列して、購買行動を調査する手法もあります。

こうした調査では、ターゲット層の人口数や販売チャネルの店舗数などを前提に、調査結果をかけ合わせ、需要を予測します。関連する予測モデ

ルの一例としてはAssumption-Based Modelingがあります（図4-11）。

ただ、私が見てきた事例では、ほとんどの場合でこれに補正が加わります。これは実際に過去の調査結果や既存商品の売上実績から計算される係数です。

この係数は非常に小さいことが多いのですが、これが市場調査ベースの予測精度と解釈できます。なぜなら調査結果の精度が高く、予測ロジックが正しければ、補正は不要だからです。

こうした調査ベースの予測精度が低い理由は、調査時点と実際の購買行動で、消費者の心理が異なるからといわれています。調査時点では「購入したい」と回答しても、実際にお金を支払って購入するかといったら、それは別の話だということです。

図4-11　Assumption-Based Modeling

市場規模
%

顧客認知；Awareness
%

トライアル；Trial
%

購入；Availability
%

リピート購買

×購入間隔

需要

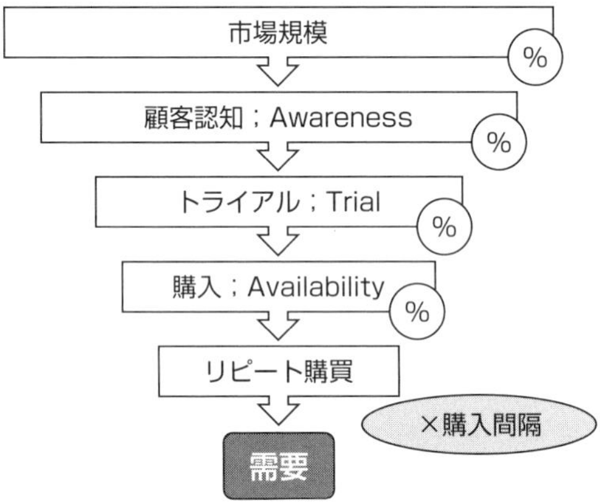

市場調査結果の解釈

商品開発の1つのプロセスとしては、市場調査の結果も判断基準となります。その時点では、他に代替できる評価指標がないからです。一方で需要予測においては、精度の観点から、あくまでも参考値という認識がよいでしょう。

　すでに述べてきた因果モデルのように、議論を展開できるほど明快なロジックはありません。また、因果関係をモデル化したものではないため、シミュレーションに使うこともむずかしいでしょう。同様に、需要予測AIの特徴量の1つにはできる可能性があるものの、市場調査ベースのモデルから特徴量を生み出していくのは無理があります。

　ただし、類似商品がない場合は、因果モデルのベース・フォーキャストの精度も低くなるので、その場合は1つの予測値として有効になります。IBFの2016年の調査では、「New to the World」タイプの新商品の誤差率は64%と、リニューアルタイプの新商品の35%に対してかなり悪いです（Chaman L, Jain, 2017）。1章-4で紹介した別の調査ですが、既存商品を含めた誤差率が30%前後（SKU別・数か月先）であったことから、類似商品がない場合は誤差率が2倍以上になるということです。

　約1000SKUを対象とした私の分析でも、「New to the World」タイプの新商品の誤差率は、他と比較して28%も誤差率が大きいことが示されました。

　市場調査は外部委託することが多く、費用が高いため、対象をしぼって活用するのが賢明といえるでしょう。

4-8 精度向上のための ナレッジマネジメント

すべてのモデルで有効な予測精度向上ステップ

「ナレッジマネジメント」の手順

知見を体系的に蓄積し、それを有効活用できるように管理することを「ナレッジマネジメント」といいます。需要予測のためのデータ、ロジック、システムが一定レベルに整備でき、組織としてデマンドプランナーを配置できた後は、新商品の予測精度を向上させるためにはナレッジマネジメントしかないと私は考えています。

ナレッジマネジメントは具体的に、次のステップで行ないます。

①前提と根拠を明確に記し、需要予測を行なう
②実績が出たら、アタリ・ハズレだけでなく、根拠も想定通りだったか、乖離した理由は何かもふりかえる
③振り返りについて複数の有識者で議論する
④振り返りで得た知見を"体系的に"蓄積する
⑤活用を促す
⑥継続的な蓄積を促す

通常の業務の中で、これらに労力や時間を割くには、かなりの強い意思が必要になります。また、当たり前に思える各ステップにおいても、注意すべき点が含まれています。

前提と根拠の可視化、振り返りのための予測モデル

まず需要予測を行なう時点で、前提と根拠を明確に残しておくことが重要です。根拠が曖昧な需要予測や、根拠があってもそれが明確に残っていない場合、振り返りを行なうことができません。知見は整理して蓄積しな

いと活用されないので、予測の段階で、蓄積を意識した根拠の記載が必要になります。

また、1人で蓄積するよりも、チーム全員で蓄積するほうが、幅広く、多くの知見を蓄積することができます。そのため、チーム内では統一したモデルに沿って記しておくことが重要になります。

次に大事なことが振り返りです。ビジネスでは、次から次へと新しい需要予測をする中で、時間と労力を割いて振り返りを行なわなければなりません。予測が大きく外れた場合は、理由説明など、必要に迫られて振り返りが行なわれます。

しかし、当たった場合はそうならないでしょう。需要予測は結果が当たったからといって、その根拠も合っていたとはいえません。その場合、同じ考え方で次の需要予測も当たるとは考えられないのです。そして根拠まで当たっていたと考えられる場合は、それをチーム内へ広く共有していくことが有効です。この振り返りは予測モデルがあるとスムーズに進みます。

知見の創出と活用を前提とした蓄積

振り返りの際に気をつけなければならないのは、1人で完結させないほうがいいということです。まずは予測を行なった本人が、さまざまな情報を調べ、予測と実績の乖離要因を推測します。それを他のデマンドプランナーやマーケターへ説明し、幅広く意見を聞くのがいいでしょう。

先述したように、人の思考にはバイアスがかかっているからです。複数の人で議論することで、振り返りから得られる知見を客観的なものにしていきます。同じ情報を見ても、人によってその捉え方は異なる可能性があることを認識しておきましょう。

議論をすると、その場では振り返りができた気がして、満足してしまいがちです。しかし、知見の蓄積は局所的かつ一時的なもので終わってしまいやすいです。忘却を防ぎ、さらに担当者の変更があっても残ってこそ、知見が蓄積されたといえます。

そのためには、振り返りで得られた知見を形式知として残していくこと

が必要になります。それは、後で活用しやすいようにしなければ意味がありません。たとえば、担当者それぞれでメモを残しておいた場合、後で調べたい知見を探し出すことはむずかしくなります。知見になんらかの"付箋"をつけ、分類して、誰でもすぐに調べられるようにするべきです。

　私の経験から、ナレッジマネジメントにおいて最も高いハードルが「継続」です。ナレッジマネジメントを開始しても、すぐに明らかな効果は出ません。需要予測は、その都度、さまざまな条件が異なることが普通です。それに対応できるだけの知見を蓄積するためには、それなりの時間が必要になります。

　しかし、ナレッジマネジメントを行なわなければ、新商品の予測精度が向上していかないことはご理解いただけたと思います。長期的な目標を追いかけるには強靭な意思が必要になりますが、ぜひ根気強く進めてください。

　ちなみに消費財カテゴリーにおいて、1000を超えるSKUを対象に統計的な分析を行なった結果、継続的に蓄積されたナレッジを活用した需要予測は、他と比較して９％も誤差率が低い可能性が示されました（有意水準１％）。新商品の発売前時点における需要予測の精度が、平均的に９％改善できれば、かなりの経営インパクトになるでしょう。

▍可視化ナレッジをベースとした意思決定【P&Gの事例】

　需要予測の信頼度を高めるためには、データによるエビデンスが重要になります。データによるエビデンスとはナレッジであり、このマネジメントを先進的に行なっているのが、世界最大の消費財メーカーP&G です。

　P&Gでは、2008年に統合予測チームが発足し、その組織は、世界で販売されている6000の商品を対象に、地域別の売上予測を担いました。そこでのデータ分析から得られたナレッジをベースに、2011年に顧客データ管理と意思決定の仕組みが構築されました。

　P&Gは、ブランドごとに強い権限を持たせたブランドマネジャー制があることで有名でしたが、この顧客データ管理の仕組みによって、ブラン

ドを横断して、顧客を軸とした幅広いナレッジを蓄積することができます。特にP&Gほどの事業規模だと、集められるデータも多く、ナレッジの信頼度も高くなるでしょう。

　そして、このデータ分析によって得られたナレッジを可視化するコクピットのような場もつくりました。ここでは一目で、"今、市場で何が起きていて"、"その原因は何であるか"を把握することができるそうです（詳細は『月刊ロジスティクス・ビジネス』2017年2月号参照）。

　P&Gの事例では「S&OP」という言葉は出てきませんが、これは6章で説明するS&OPにおける意思決定に大いに役立ちます。この場では、どのブランドにも属さないアナリストが、意思決定を担うトップマネジメント層へプレゼンテーションを行ないます。中立な立ち位置のアナリストが担うため、マーケティングの効果の過大評価や、自社内でのカニバリゼーションの過小評価といったバイアスを抑えられ、客観的なナレッジを共有することができます。S&OPに参加するどの部門の代表者にとっても、ナレッジに基づいた、客観的な市場の最新状況を把握できるので、意思決定が行ないやすくなるのです。

　S&OPとはトップマネジメント層による迅速な意思決定のしくみです。成功させるためには、正しい意思決定のための材料が重要になり、それは膨大なデータに裏づけられたナレッジであるといっても過言ではないでしょう。

4-9 商品開発時の レンジ・フォーキャスト

不確実な環境下の需要変動予測

商品開発段階の需要予測

多く売れるモノほど、1つを作るコストは低くなる傾向があります。そのため、メーカーでは商品開発のコスト試算の段階でも需要予測が必要となります。しかしこの時点では、マーケティング計画の具体的な内容が決まっていないことがほとんどです。マーケティングが需要に大きく影響する消費財では、この時点での予測は非常にむずかしくなります。そこで、因果モデルを使ったレンジ・フォーキャストが有効になります。ここでは、商品開発時のレンジ・フォーキャストの考え方を説明します。

ベース・フォーキャストの作成

因果モデルの具体例として、マーケティング要素比較モデルを想定してください。まず、ベース・フォーキャストは商品のマスター情報に基づいて試算できます。マスター情報とは商品の持つ属性で、ブランドやカテゴリー、価格、サイズなどが含まれます。ブランドが決まっていれば、取り扱い店舗数なども想定することが可能になります。これらの情報は、商品開発の段階でもある程度は決まるはずなので、適切な類似商品があれば、大まかな需要の規模は予測することができます。ただし、価格は後で変更になる可能性もありますし、その商品の発売自体がなくなることもある段階です。

商品開発の期間は、業界や企業によって大きく異なるでしょう。開発期間が長い場合は、市場トレンドの予測が少し難しくなります。ただ、これも2次のカオス系といえ、新商品の発売によって影響を受けるものでもあります。すべての競合の未来のプロモーション情報を把握することはできないので、基本的には、現状がゆるやかに継続するという予測になります。

ブランドシェアが大きく変化している場合は注意が必要です。これも新商品の発売によって影響を受け、そもそものブランド力の低下や、メインの販売チャネルの縮小などの傾向があれば、それは加味すべきです。

Average PlanとMAX Plan

つづいて、マーケティング要素比較の検討になります。この時点ではマーケティング計画はありません。そのため、宣伝や売り場展開の規模感はわかりませんし、営業部門へ情報も出ていない時期ですから、販売員やバイヤーの反応も把握できません。そこで、次の2つを前提にこれらの項目に数字を入力していきます。

- その商品が属するブランドで平均的なプロモーションが行なわれる場合（Average Plan）
- そのブランドで過去にないくらいの大きな売上を目指してプロモーションが行なわれる場合（MAX Plan）

因果モデルのメリットである、需要のシミュレーションを行ないます。

原因として設定している要素に複数の数字を入力することで、複数のシナリオにおける需要を予測します。

複数の予測値を提示できることで、商品開発担当者はさまざまな条件でのコスト試算ができるようになります。需要予測同様、幅を持ったコスト試算ができるわけです。

MAXプランは、そのブランド、カテゴリーで過去に最も売れた商品のプロモーションと実績を参考にします。商品開発時点でも、投資予定の金額規模は決めているはずなので、その現実味も評価することができます。

Averageプランとの差を確認することで、平均的なマーケティング計画と比較して、さらにどれくらい投資を行なわないといけないかを検討することができます。その実現性も踏まえ、プランを選択する、もしくはかけ合わせた新たなプランを立案するという流れになります。

海外では新商品の計画は75%が未達という調査結果もあります（Chaman L. Jain, 2017）。私が調査した結果も7～8割が計画未達であり、新商品への期待はそれだけ大きいということだと思います。これは過剰在庫リスクでもあります。

　レンジ・フォーキャストを活用することで、在庫リスクを定量的に評価できます。それを踏まえ、たとえばリスク分は原材料の発注や仕掛品の生産で止めておいて、より情報が精緻化された段階で最終商品化を判断する、といったサプライチェーンでのリスクヘッジができるかもしれません。

　目標ベースの需要予測のところでは、データ分析ベースとのかけ合わせのレンジ・フォーキャストを紹介しました。商品開発時点では、Max & Averageプランのかけ合わせというアイデアです。この他にも、因果モデルと予測AI、データ分析ベースと直感（AHP）ベースのかけ合わせなど、レンジ・フォーキャストには特徴の異なるロジックの組み合わせが有効です。幅広い視野で、アレンジしてみてください。

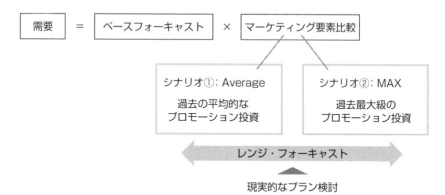

図4-12　商品開発時のレンジ・フォーキャスト

| 需要 | = | ベースフォーキャスト | × | マーケティング要素比較 |

シナリオ①: Average
過去の平均的な
プロモーション投資

シナリオ②: MAX
過去最大級の
プロモーション投資

レンジ・フォーキャスト

現実的なプラン検討

4-10 アジャイル・フォーキャスティング

早期の予測リバイスが価値を生む

早いタイミングでやり直す

　発売前における需要予測のむずかしさについてお話ししてきました。それは、その商品自身の過去データ、つまり需要の水準や季節性がわからない段階で予測しなければならないからです。そのため、発売後に需要の水準が見えてきたら、可能な限り早いタイミングで需要予測をリバイスする必要があります。

　市場の変化やマーケティング計画の変更など、最新の情報を基に俊敏に需要予測を更新していく概念をアジャイル・フォーキャスティング（Agile Forecasting）と呼んでいます。これは一般的な用語ではありませんが、Agile Supply Chain（APICS, 2018）に関連する重要なキーワードといえます。

　予測は早期に見直して、生産機能へ増産または減産を依頼しなければなりません。素早い初期対応が、品切れや過剰在庫を少しでも防ぐことになります。

　どんな需要予測のプロフェッショナルによる発売前の予測でも、発売後の予測には精度の面ではかないません。化粧品の発売後予測は、発売数日後に行なわれます。もちろん例外はありますが、その時点で、ほとんど正しく需要の水準を予測することができます。私の経験では、80～90％近い商品の需要を確からしく（SKU別の誤差率で20％以内）予測することができてきました。

2次元推定

　発売後の需要予測では2種類の推定を行ないます。

その際、次のポイントに留意する必要があります。

- 発売直後の水準はプロモーション効果や予約などによって高い傾向がある
- 新商品を販売しているすべての店舗の売上データを収集することはできない

つまり、発売後数日間の売上データを入手できても、それを単純に日数倍すれば、月や年の需要の水準が計算できるわけではないということです。売上の水準変化を想定し、数日間のデータを月間、３か月間、年間などに引き延ばしていく必要があります。さらに、データが入手できた店舗の売上を、その商品を取り扱っている全店舗分へ引き延ばさないといけません。これが必要な２種類の推計です。

数日間の売上を引き延ばす「時間的拡大」

新商品の発売時は、テレビCMが投入されたり、大きな売り場が作られたりするため、消費者がその商品に対し、興味を持ちやすい状態になっています。それゆえに、１日の売上も多くなります。

みなさんも、「テレビCMで見たから買ってみよう」「目新しいから買ってみよう」などと手に取った経験があると思います。ただしこれは一時的な現象で、通常は何か月も続くようなものではありません。

そのため、基本的には売上の水準は下降していくことになります。たとえば、３日間の売上から１か月間の需要を予測したい場合、単純に日数倍するのは危険です。発売時のプロモーションが強いほど、売上は下降する可能性が高くなるため、単純に日数倍した数字の半分程度になることもあります。

一方で、需要に季節性がある新商品の場合は、気温の変化とともに需要が上がっていく傾向があります。この場合は、たとえば単純に日数倍した数字の1.3倍などになることもあります。

これは商品の属するカテゴリーの需要特性にもよるので、詰め替え用な

らだんだん需要が伸びていく、数量限定の商品なら販売数に限りもあって、売上が急激に下降していく、といったさまざまな条件によって異なります。

　私はこの単純に引き延ばした（といっても、ここで例に挙げている日数倍ではなく、最小二乗法による単回帰直線）水準に対して、どの程度上下するかを「勢い係数」と名づけ、それに影響を与えているであろう条件とともに回帰分析で整理しています。

　一例を挙げると、化粧品業界で「勢い係数」に上向きの影響を与える条件としては、「需要の季節性（と発売月）」や「詰め替え用」が、下向きの影響を与える条件としては「予約期間の長さ」や「テレビCM投入の有無」などがあります。これは業界ごとにさまざまであると思うので、ぜひチームで議論して、勢い係数とともに整理してみてください。

　この発売後の一定期間における需要波形に影響する条件を見つけるコツは、その期間において変化する条件に着目することです。これは数日間の売上を特定の期間に引き伸ばすので、私は「時間的拡大」と呼んでいます。

全体売上を推計する「空間的拡大」

　多数の店舗で販売されている商品の場合、特にメーカーがすべての店舗の日々の売上データを入手することはむずかしいでしょう。店舗における売上データは店舗のものであり、メーカーが簡単に入手できるものではないからです。入手するためには、契約や費用が必要になります。そのため、商品を取り扱っている全店舗の売上は、入手できたデータから推計する必要があります。

　このときも時間的拡大と同様に、店数分だけ引き延ばせばいいというものではありません。各店舗におけるその商品の売上が同じということはありえないからです。この引き延ばしを、時間的拡大に対し、「空間的拡大」と名づけています。

　空間的拡大において重要なのは、売上データを入手できた店舗数ではなく、それらの店舗の売上構成比です。たとえば、その商品を取り扱う店舗が全部で1000店あったとして、うち100店の売上データを入手できたとし

ます。ここで入手できたデータを店舗数分の10倍しても、全店舗の売上を
推計できているとは言い難いのです。

　データが入手できた100店で、全体の半分の売上を占める（構成比50％
といいます）かもしれません。その場合は、入手できた売上データを２倍
することが正解となります。これが空間的拡大の考え方です。

類似商品選定のまとめ

　以上、２つの推計によって、入手できた数日間の売上データから、商品
の全体的な需要を予測します。ここでも類似商品を選定することが重要に
なります。

　マーケティング要素比較モデルの話でも類似商品の選定が出てきました
が、あのときと選び方が変わることに注意しなければなりません。類似商
品の選定において最も大切なのは、次の３点をよく考えることです。

①推計したい情報は何か
②その情報に影響する条件は何か
③その条件が紐づいている属性は何か

　発売前の時点で新商品の需要を予測する場合は、"どれだけの消費者が
その商品を知るか"と"どれだけの消費者にニーズがあるか"を推計しま
す。そのためには、認知度や取り扱い店舗数と紐づいている「ブランド」
と、ニーズと紐づいている「カテゴリー」の２つが類似する商品を参考に
します。

　一方で発売後の時間的拡大の場合は、"発売後の特定期間における需要
の動きがどのようになるか"を推計するために、需要の動きに大きく影響
するであろう、プロモーション規模に紐づいた「ブランド」、予約活動の
やり方に紐づいた「店舗の販売形態」、年末年始や夏期休暇などの季節的
なイベントに紐づいた「発売月」などが類似する商品を探す必要がありま
す。

　また、空間的拡大の場合は、"売上データが入手できる店舗の売上構成

比はどれくらいか"を把握するために、店舗がカバーする市場との親和性と紐づいた「ブランド」、市場の変化と紐づいた「発売年月（の近さ）」（≠発売年月）に着目して選定する必要があります。

　どんな予測でも、とにかく「ブランド」や「カテゴリ」などが同じ類似商品を選べばよいと考えるのではなく、把握したい情報、それに影響する条件、その条件と紐づいた属性を基に類似商品を選定しなければ、確からしい予測を行なうのはむずかしいでしょう。

図4-13　類似品選定の考え方

－	発売前予測	発売後予測 （時間的拡大）	発売後予測 （空間的拡大）
推計したい情報	商品の需要	需要波形	入手データの構成比
影響する条件	想定される 認知度やニーズ	プロモーション規模や 予約活動、季節イベント	店舗とマーケットとの 親和性やマーケットの変化
紐づいている 属性	ブランドや カテゴリー	ブランドや販売形態、 発売月	ブランドや今と発売年月の 近さ

サービスの需要予測

　本書ではモノの需要予測を前提に話を進めてきましたが、サービスの需要予測でも本質は同じです。私自身がサービスの需要予測を行なったことは数えるほどしかありませんが、関わった経験を基に、ここで少しサービスの需要予測について紹介したいと思います。

　まずサービスとモノの大きな違いは、サービスには調達や生産のリードタイムが基本的にはないことです。消費者のいる場で価値が生み出され、そこで消費されます。サービスを提供するための施設や設備は必要ですが、モノと比較すると開発にかかる時間も短いという調査結果もあります（Kahn, Kenneth B,2012）。また、その価値は提供する人の影響を受けやすいという特徴もあるといえます。

　ちなみにレストランのように、モノ（料理）とサービスがセットで提供されるビジネスも少なくありません。

　一方で、需要予測においては多くの共通点があります。既存のサービスであれば、過去のデータを活用することで精度が上がるでしょう。しかし、たとえばエステやネイルのように常に提供されているサービスと、資格試験や入学試験のように間隔を空けて提供されるものがあり、それらでは適する予測ロジックは異なると考えられます。

　後者であれば、時系列予測よりも因果モデルのほうが適しています。それは過去データが連続的でなく、いつ提供されるかという時期が重要になり、それを説明変数として考慮することが有効になるからです。たとえば大学や就職の試験で有効になる資格は、常に一定の需要があるわけではなく、願書やエントリーシート提出の時期に合わせて高まることが予測できます。

　サービスの需要予測の目的もモノと似ています。サービスに使う商品の発注量を決めるのに使われますが、これはモノの原材料調達と同じです。また、常に提供されるサービスでなければ、そのための施設の予約に需要予測が活用されます。過剰に確保すれば不要なコストがかかりますし、不

足すればクレームになります。これはモノの需要予測を基に在庫計画を立案するのと同じといえるでしょう。

　つまり、サービスの需要予測でも、ここまで述べてきたような予測モデルの特徴を把握し、適するものを選択、設計できるスキルが有効になります。また、この後の5章で説明するメトリクスで需要予測をマネジメントすることも重要になるでしょう。サービスの需要予測に関わる方にも、本書の知見や事例を有効活用していただければと思います。

第 **5** 章

精度ドリブンの
需要予測マネジメント

日本だけでなく海外でも、予測精度を厳密な定義に基づい
て測定している企業は多くありません。さまざまなメトリ
クスを使って定期的に需要予測のオペレーションを評価し、
適切な改善アクションに結びつけられている企業となると、
さらに少ないのが実態です。

グローバルではどんなメトリクスが知られていて、それら
を組み合わせることで、どのような分析ができるのか。こ
れを知り、実践できるのが需要予測のプロフェッショナル
です。

さまざまな予測精度メトリクス

予測精度を測る指標の数々

MAPE(平均絶対誤差率)

まずは「予測精度」の定義を確認します。代表的なのものとして、「予測絶対誤差率」が挙げられます。

「予測絶対誤差率」＝「予測と実績の乖離（絶対値）」／「実績」

実績に対してどれくらいの誤差が発生したか、という指標（Metrics）で、予測と実績の乖離が大きくなるほど、この値も大きくなります。絶対値とは大きさのことで、プラスもマイナスも同じ値になります。つまり、予測に対して実績が高くても低くても、同様にその乖離度合いを評価します。

ただし、このメトリクスは、売上規模が月に100個以下などと小さい商品の評価には向きません。ノイズの影響を受けやすく、乖離が少し増えるだけで精度は大きく悪化するからです。

たとえば、月の需要が100個のものであれば、20個ずれただけで、誤差率は20％にもなります。一方で、月の需要が1万個であれば、50個ずれてもたったの0.5％です。

図5-1 売上規模が小さいと誤差率は大きくなりやすい

(個)

ー	小規模	大規模
予測	100	10,000
実績	80	10,050
誤差率	−20%	0.5%

多数の商品全体の予測精度を測るには、商品ごとの「予測絶対誤差率」を単純に平均するのではなく、売上規模のウエイトかけて計算するのが一般的です。これは「売上加重平均MAPE（weighted-Mean Absolute Percentage Error）」と呼ばれ、さまざまな業界で使われています。売上規模の大きい商品の予測精度ほど、全体への影響度が大きくなるため、経営的な視点では有効なメトリクスだといえます。

「売上加重平均MAPE」＝Σ「売上構成比」×「予測絶対誤差率」

また、絶対値を使わないで計算する予測誤差率もあります。

「予測誤差率」＝（「実績」-「予測」）／「実績」

このメトリクスでは、SKU別に予測よりも実績が上になったか、下になったかという方向性を見ることができます。しかしプラスとマイナスで打ち消し合ってしまうので、特定のカテゴリー全体の予測精度評価には向きません。

分子の「実績」と「予測」は入れ替えても構いませんが、プラスとマイナスの意味が変わることに注意してください。重要なのは「実績」と「予測」のどちらが大きいか、ということです。

ちなみに実績より高い予測をover-forecast、低い予測をunder-forecastといいます（Alan L. Milliken, 2020）。

これは1品ごとの予測を振り返るのに適したメトリクスです。この値がプラスで大きければ、なんらかの理由で需要が増えている可能性があり、逆の場合は、需要が減っている可能性があります。その乖離の理由次第で、中長期的な需要予測を修正する必要があるかもしれないので、このメトリクスから、さらなる分析を始めることになります。

私の調査ではB to Cの企業では約半数がMAPEを中心とした誤差率で予測精度を測っていました。B to Bでは、誤差率の構成比でのモニタリングが最も多く、約半数を占めていました。一方で、全体の1／3の企業が、

特に決まった精度指標がないという状況です。

　これは需要予測の講座に参加するような、SCM高度化意識の高い企業における結果です。私が2023〜2024年にかけて「需要予測相談ルーム」で様々な業界の100社以上とお話しした中では、定義を明確にした精度指標で需要予測をマネジメントできている企業は2割に満たない印象です。予測精度を測定しないと改善ポイントを見つけるのが場当たり的になるため、まずはさまざまなメトリクスを知ることから始めましょう。

図5-2　実際に使われているメトリクス

	予測精度指標		
	MAPEなど	誤差率構成比	特になし
全体	36%	31%	33%
B to B	20%	47%	33%
B to C	48%	16%	35%

（筆者調査）

MAPEの分母

　誤差率の分母を「予測」とする評価指標もあります。これは「予測」というよりも、マーケティングや営業部門などの売上「計画」の達成度合いを測るために使われることが多いです。このとき、分子も「実績」と「計画」の乖離ではなく「実績」そのものとし、100％を計画達成とすることが多く、次のように計算します（Farooqui, 2010）。

「計画達成度」＝「実績」÷「計画」

　割り算をするのは、分母に対してどうか、という考え方をしているためです。そう考えると、「実績」を当てにいく「予測」では分母が「実績」になり、「計画」達成を目指して「実績」を上げようと目指す場合は分母が「計画」になることが、感覚的にもわかると思います。

　ここで、頭に入れておかなければならないのは、分母の違いによる評価

の非対称性です。「実績」を分母にすると「実績」が「予測」を下回った誤差を大きく評価し、「予測」を分母にすると「実績」が「予測」上回った誤差を大きく評価してしまいます。

　たとえば、図5-3のような予測と実績だった場合、分母の違いによる2種類の予測誤差率の差が出ます。

　①の分母が「実績」で、②の分母は「予測」です。

図5-3　分母の違いによる2種類の予測誤差率の違い

(個)

予測	1,000	1,000	1,000	900	800
実績	800	900	1,000	1,000	1,000
誤差率①	−25%	−11%	0%	10%	20%
誤差率②	−20%	−10%	0%	11%	25%

　同じ「予測」と「実績」でも、誤差率に差が出ることがわかります。

　この非対称性を補正するために、分母を「予測」と「実績」の平均値にする場合（Symmetric MAPE）もありますが、何のために予測精度を評価するのかを整理して、同じメトリクスで継続的にモニタリングして改善アクションにつなげることが重要といえるでしょう。ただ海外の書籍や論文では、分母は「実績」が一般的です（Kilger & Wager, 2015）（Moon, Mark A, 2018）（Rob J.Hyndmanら，2008）。

　まとめると、MAPEには図5-4のような欠点があります。特徴を把握して使用することが重要です。

図5-4　MAPEの欠点

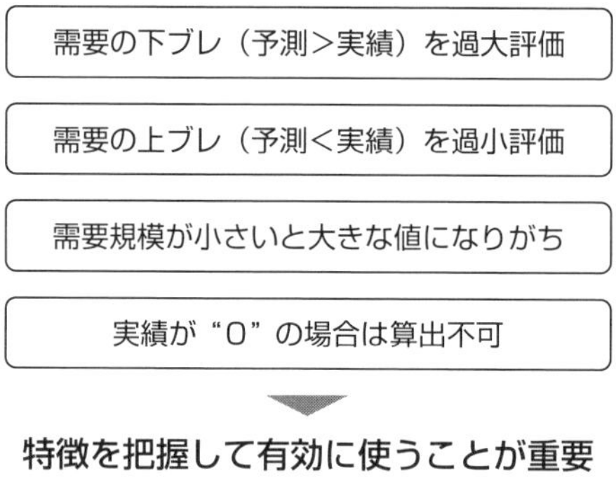

> 需要の下ブレ（予測＞実績）を過大評価

> 需要の上ブレ（予測＜実績）を過小評価

> 需要規模が小さいと大きな値になりがち

> 実績が"0"の場合は算出不可

特徴を把握して有効に使うことが重要

Bias(バイアス)

　MAPEの他によく使われるのが、Biasというメトリクスです。これは日本よりも海外で使われている印象です。本書では「認知バイアス」という言葉が何度か登場しました。これとは別物ですが、偏りという意味で、同じニュアンスといえます。

　予測精度のBiasは次の式で定義されます（APICS, 2018）。

Bias＝Σ（実績－予測）　＊SKU別の期間合計

　半年間など、一定の期間における誤差の合計です。絶対値ではないため、正負で打ち消し合います。そのため、需要がどちらの方向に変動しているか、もしくは予測に特定方向の偏りがあるか、を評価することができます。MAPEとは異なり、誤差の規模感はわからないため、精度とはいいづらい指標です。Biasはそのままよりも、この後で説明するトラッキング・シグナル（Tracking Signal）として活用しやすいと私は感じています。

誤差率分布

　誤差率をヒストグラムでモニタリングし、目標とする範囲にどれだけの商品数を入れられるかを評価指標とする方法もあります。

「高精度の品数構成比」
＝「絶対誤差率が特定の数値以下の商品数」／「予測している全商品数」

　特定の値は、予測誤差率の目標と同様で、業界の特性や、どれくらい先の時期を予測するかなどを踏まえて設定するものになります。また、高精度の構成比だけでなく、誤差率の分布も重要です。誤差率分布をモニタリングすることで、需要の変化や予測の問題点を捉えられます。

　この他にも、RMSE（Root Mean Square Error）という誤差の二乗の平均値の平方根や、需要変化の規模でスケーリングするMASE（Mean Absolute Scaled Error）といったメトリクスもあります（Rob J.Hyndmanら，2008）。

　予測精度の測定には、このようにさまざまなメトリクスが知られています。それぞれに特徴があるため、それを理解したうえでモニタリングするものを選択し、需要予測のマネジメントに活用いただければと思います。

図5-5　予測メトリクスの活用法

予測メトリクス	特徴	実務活用
w-MAPE	絶対誤差率の売上加重平均	・特定カテゴリー全体の予測精度を評価 ・過剰在庫が問題となりやすい業界に適切 ・間欠需要が少ないカテゴリーに適切
s-MAPE	絶対誤差率の分母を実績ではなく実績と予測の平均とする	・品切れも問題となりやすい業界向き ・システム化しないと算出がやや大変
誤差率分布	誤差率別の頻度やSKU数	・市場変化の分析の入り口 ・需要変動の方向性を把握できる
RMSE	二乗誤差の平均値の平方根	・MAPEと併用で予測モデル評価の精度を高められる ・需要規模の異なるブランド、カテゴリー間の精度比較はしづらい ・回帰モデルの評価によく使われる
MASE	ナイーブ予測との精度差を評価	・採用した予測ロジックやコンセンサス予測の価値を評価 ・季節性の異なるブランド、カテゴリー間の精度比較はしづらい

MAPEの計算例と実務活用

カテゴリー全体の予測精度を評価

MAPEの計算例

　ここから3つの予測メトリクスの計算方法を説明します。また、それぞれの特徴を踏まえた分析の方向性を示します。まずはMAPEです。

　3つのSKUを配置しているブランドがあるとします。各SKUの予測値と実績（単位：個）は、次の表の通りです。売上構成比は、数量ベースで算出しています。誤差は、実績から予測を引いています。

図5-6　各SKUの予測値と実績

(単位：個)

SKU	予測	実績	売上構成比	誤差	誤差率	絶対誤差率	MAPEインパクト
A	1,000	1,200	73%	200	17%	17%	0.12
B	500	350	21%	−150	−43%	43%	0.09
C	150	89	5%	−61	−69%	69%	0.04
平均	—	—	—	−4	−32%	43%	合計がMAPE
							25%

　まず、誤差率と絶対誤差率の平均値を比較してください。誤差が打ち消し合っているため、誤差率のほうが小さくなっています。どちらのほうがこのブランドの予測精度を表しているかいうと、絶対誤差率のほうだと考えることができるでしょう。

　さらに、この絶対誤差率にブランド内の売上構成比を掛けたものが、「MAPEインパクト」です。これは私の造語ですが、合算すると売上加重平均MAPEになるため、MAPEへの影響度という意味で名づけました。MAPEインパクトが大きいほど、売上と誤差率が大きいということで、

優先的に需要予測を見直すべきという解釈になります。

このブランドの売上加重平均MAPEは25％となりました。絶対誤差率の平均値（MAPE）の43％よりも低くなっています。売上が最も大きい、SKU-Aの誤差率17％の影響を強く受けているためです。

生産や原材料の発注には、数量規模も影響するため、売上でウエイトづけした25％のメトリクスのほうが、モニタリングには適しているといえます。また、財務や経営管理部門などへ提示する場合は、金額ベースで売上構成比を算出し、加重平均するのがよいでしょう。ここはコミュニケーションの相手によってアレンジしてください。

MAPEの実務活用

この売上加重平均MAPEは、大きく３つの実務活用方法があります。

1. 担当者やアカウント別などで毎月モニタリングし、需要予測の修正を促す
2. 半年や１年ごとなどで、ブランドやエリア別に分析し、プロセスやモデルの改善を検討する
3. 予測モデル別に算出し、システム導入やモデル変更の参考にする

MAPEは基本的に、毎月モニタリングしていきます。担当者別に追っていくことで、どのプランナーで精度が悪化しているかを早期に発見できるようにします。また、担当者のスキルや情報に問題がなく、担当しているブランドやカテゴリーで、大きな市場変化があった可能性もあります。MAPEを過去数年にさかのぼり、毎月更新できるようにしておくとよいでしょう。

営業部門からの報告を踏まえ、アカウント別に需要予測している場合は、その単位でMAPEを算出します。特定のアカウントで精度が悪いのであれば、情報連携に問題がある可能性があります。こうしたオペレーションの場合は営業部門へのフィードバックが重要です。

マーケティング部門へは、ブランド別の共有がよいでしょう。化粧品で

は、カラーバリエーションの多い、メイクアップを主に配置しているブランドは需要予測がむずかしく、精度が低い傾向があります。こうした難易度の解釈も踏まえ、過去や他ブランドと比較しましょう。

　年に数回など、定期的にブランド、エリア、アカウント別などの切り口でMAPEを分析します。これは各企業のオペレーションの区分けと連動させるのがよいでしょう。新商品と既存商品、統計予測とコンセンサス・フォーキャストなどの切り口もかけ合わせて分析することで、より深い考察が可能になります。これらの比較により、予測プロセスやロジックを改善すべき対象が見つかるかもしれません。また、精度がよいカテゴリーのプロセスを調査することで、水平展開すべき好事例が見つかることもあります。

　予測システムの導入時や、新しい予測モデルをテストする際にも、MAPEを使った分析が有効です。ただしMAPEは、実績が「0」の商品や売上規模が非常に小さい商品、間欠需要を持つ商品などの評価には向かないため、この後で説明するMASEなども併用するほうがよいでしょう。
　私も予測システムの評価の際には、基本的に売上加重平均MAPEで判断しています。

5-3 Biasの計算例と実務活用

需要予測や市場変動の傾向をモニタリングする

Biasの計算例

つづいてBiasの計算例です。次の２種類を紹介します。

①APICSの定義であるSKUごとの期間計の誤差
②これをアレンジした月ごとのSKU計の誤差

（1）期間計Bias（APICS,2018）

あるSKUの１年間の予測と実績が次ページの図5-7の通りだったとします。

まず、誤差を計算します。次に、６か月間合計の誤差を算出します。６か月でなくても構いませんが、この誤差の期間合計がBiasです。

そして月ごとの絶対誤差を計算します。これは誤差の大きさで、月平均をMAD（Mean Absolute Deviation）、平均絶対偏差といいます。この例の場合は、Biasの計算と同じ６か月間で計算しています。

さらに、BiasをMADで割ったのがトラッキング・シグナル（Tracking Signal）です。このトラッキング・シグナルが一定の値を超えたSKUについて、需要予測を見直すきっかけにするというメトリクスです。この閾値は企業ごとに設定するものですが、６か月の合計のBiasの場合、４程度とすることが多いようです。

これは４か月間連続で同じ方向に需要変動があったのと同じ意味になります。つまり、需要予測に一定の癖があるか、市場が一定方向へ変動している可能性があると解釈できます。どちらにせよ、そのSKUの需要予測を見直すべきという考え方になります。この例の場合は、７月の時点でトラッキング・シグナルが5.3になっているので、ここで市場を分析し、ロジックを含めて需要予測を見直します。

留意すべきは、トラッキング・シグナルが同じ4以上でも、誤差の程度感はわからないという点です。こちらの表の例で、月10個ずつ、4か月連続で実績が予測を上回った場合も、トラッキング・シグナルは4になります（その前の2か月の誤差は＋10個と▲10個）。

そこでたとえば、トラッキング・シグナルで閾値を超えたSKUに対し、さらにBiasで優先順位をつけて需要予測を見直していくのがよいと考えます。

図5-7　あるSKUの1年間の予測と実績

(個)

—	1月	2月	3月	4月	5月	6月	7月	8月	9月	10月	11月	12月
予測	800	800	1,000	900	1,000	1,100	1,300	1,200	1,000	900	800	1,000
実績	700	750	1,100	1,000	1,200	1,200	1,600	1,000	800	900	700	900
誤差	−100	−50	100	100	200	100	300	−200	−200	0	−100	−100
Bias	—	—	—	—	—	350	750	600	300	200	−100	−300
絶対誤差	100	50	100	100	200	100	300	200	200	0	100	100
MAD	—	—	—	—	—	108	142	167	183	167	150	150
T.S.	—	—	—	—	—	3.2	5.3	3.6	1.6	1.2	−0.7	−2.0

(2) SKU計Bias率

これは誤差を期間で合計するのではなく、特定の区分けの中でSKU合計を計算するメトリクスです。

たとえば、XとYという2つのエリアにおける予測と実績が図5-8の通りだったとします。誤差の合計がSKU計Biasです。この場合、エリアXでのBiasが120、YでのBiasがマイナス1190です。ここからエリアYでは、予測に対して実績が大幅に下回っているのがわかります。

このSKU計Biasを毎月モニタリングしていきます。エリア別に売上規模が大きく異なる場合は、Biasを実績で割って、Bias率でモニタリングするという案もあります。

もちろんエリア別に限らず、ブランド別、アカウント別など、ビジネスモデルや企業の組織体制に合わせてアレンジします。

図5-8　2つのエリア（XとY）における予測と実績

（個）

エリア	X			Y		
SKU	予測	実績	誤差	予測	実績	誤差
A	1,000	1,300	300	1,500	900	−600
B	500	400	−100	600	300	−300
C	100	20	−80	300	10	−290
合計	1,600	1,720	120	2,400	1,210	−1,190
Bias率	—	—	7%	—	—	−98%

　このようにBiasは、定義式だけを知っても実務で有効活用するのはむずかしいメトリクスです。期間計Biasをトラッキング・シグナルとしてモニタリングしたり、SKU計Biasを率としてエリア、アカウント別などでモニタリングしたりすることで、需要予測を見直すきっかけとして有効活用できます。

MASEの計算例と実務活用

ナイーブ・フォーキャストとの精度比較

MASEの定義と計算例

実績が「0」や売上規模が小さい商品の評価には向かないというMAPEの欠点を踏まえ、MASE（Mean Absolute Scaled Error）というメトリクスも提案されています。この定義式は次の通りです（Rob J.Hyndmanら，2008）。

MASE ＝ Scaled Errorの月平均
Scaled Error ＝「予測絶対誤差」÷「実績の絶対前月差の月平均」

図5-9　MASEの概念

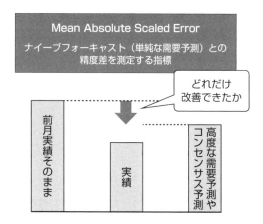

具体例で説明します。あるSKUの年間の予測と実績が図5-10の通りだったとします。実績の前月差を計算し、その絶対値の月平均を計算します。この例だと、218個です。実績の前月差のため、データ数は実績よりも1

か月分少なくなります。

各月の予測絶対誤差をこの絶対前月差の月平均で割ったものが、Scaled Errorです。この月平均がMASEです。

図5-10 あるSKUの年間の予測と実績

（個）

定義通り	1月	2月	3月	4月	5月	6月	7月	8月	9月	10月	11月	12月	平均
予測	800	800	1,000	900	1,000	1,100	1,300	1,200	1,000	900	800	1,000	1,022
実績	700	750	1,100	1,000	1,200	1,200	1,600	1,000	800	900	700	900	1,033
誤差	−100	−50	100	100	200	100	300	−200	−200	0	−100	−100	11
絶対誤差	100	50	100	100	200	100	300	200	200	0	100	100	144
前月差	—	50	350	−100	200	0	400	−600	−200	100	−200	200	18
絶対値	—	50	350	100	200	0	400	600	200	100	200	200	218
Scaled 誤差	0.5	0.2	0.5	0.5	0.9	0.5	1.4	0.9	0.9	0	0.5	0.5	**0.6**

これは式だけを見ても、何を表しているのかよくわかりません。解釈としては、

**最新（前月）の実績をそのまま予測とした場合の誤差に対し、
今の精度はどうか**

という指標になります。つまり、最も単純なナイーブ・フォーキャストに対し、今使っているロジックの精度を測定することになります。これだと、実績「0」でも対応できますし、実績の変化で割るため、売上規模に関係なく評価できます。

ただし、欠点もあります。たとえば需要の季節性が大きい商品は、月ごとの実績の変化が大きいため、MASEは小さくなります。MAPEは売上水準が大きく異なるカテゴリー間の比較がむずかしい一方、MASEは季節性が異なるSKU間の比較はむずかしいといえるでしょう。

MASEもMAPE同様に、値が小さいほど高精度ということになります。また、1を超えると、ナイーブ・フォーキャストのほうが高精度という意味になり、現状のロジックやプロセスを変えるべきという考察になります。

ナイーブ・フォーキャストとの比較という解釈

　私は、需要予測の実務においては、MAPEの欠点を補うためにMASEを使うという意識はありません。MAPEは売上でウエイトづけをすることで、売上規模が小さいSKUの影響を小さくできるからです。

　一方で、ナイーブ・フォーキャストとの比較による精度評価は有効だと考えます。なぜなら、これによって、今使っているロジックが生み出している価値を試算できるからです。これは予測付加価値（Forecast Value Added）と呼ばれる概念です。

　需要予測が生み出す価値を、数字で表現するのは簡単なことではありません。品切れや過剰在庫といった経営への悪影響の原因は、サプライチェーン上のさまざまな機能にあることが多く、その中での需要予測の価値を切り離すことがむずかしいからです。

　予測付加価値については、この後で具体的な計算例を示します。その前に、さきほどの定義式では、正確にはナイーブ・フォーキャストにはならないので、その実務アレンジを説明します。

　また、季節性が大きい商品とそうでない商品の2つの例を示します。ここから、季節性のMASEへの影響を感じていただければという意図です。それぞれの季節性は図5-11の通りです。

図5-11　2つの例の季節性

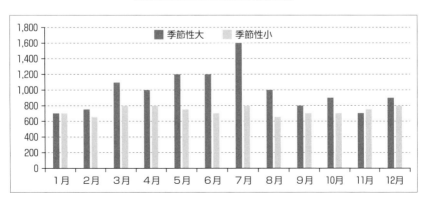

MASEの実務活用

　ビジネスにおける需要予測では、生産や原材料調達のリードタイムがあり、翌月を予測すればよいわけでないことは2章-1のフォーキャスティング・ポリシーのところで説明しました。

　これを踏まえると、実務におけるナイーブ・フォーキャストは、前月の実績をそのリードタイム分先の月の予測にする、という定義になるはずです。

　たとえば、生産のために2か月先の需要を予測している企業があるとします。1月の実績が確定した2月時点で予測する場合、対象は4月になります。つまり、ナイーブ・フォーキャストは1月の実績＝4月の予測となるわけです。

　ナイーブ・フォーキャストを、生産リードタイムを考慮した定義にした場合のMASEが、図5-12です。実務ではこのような計算方法のほうが、納得感があるといわれています。次の予測付加価値の試算のところでも、同様の定義で説明します。

図5-12 季節性の大きな商品と小さな商品のMASEの例

パターン（1）季節性の大きな商品

(個)

―	1月	2月	3月	4月	5月	6月	7月	8月	9月	10月	11月	12月	平均
予測	800	800	1,000	900	1,000	1,100	1,300	1,200	1,000	900	800	1,000	1,022
実績	700	750	1,100	1,000	1,200	1,200	1,600	1,000	800	900	700	900	1,033
誤差	−100	−50	100	100	200	100	300	−200	−200	0	−100	−100	11
絶対誤差	100	50	100	100	200	100	300	200	200	0	100	100	144
ナイーブ予測	―	―	―	700	750	1,100	1,000	1,200	1,200	1,600	1,000	800	1,039
誤差	―	―	―	300	450	100	600	−200	−400	−700	−300	100	−6
絶対誤差	―	―	―	300	450	100	600	200	400	700	300	100	350
Scaled 誤差				0.3	0.6	0.3	0.9	0.6	0.6	0.0	0.3	0.3	**0.4**

パターン（2）季節性の小さな商品

(個)

—	1月	2月	3月	4月	5月	6月	7月	8月	9月	10月	11月	12月	平均
予測	700	600	900	700	700	1,000	1,100	900	800	700	700	900	833
実績	700	650	800	800	750	700	800	650	700	700	750	800	739
誤差	0	50	−100	100	50	−300	−300	−250	−100	0	50	−100	−94
絶対誤差	0	50	100	100	50	300	300	250	100	0	50	100	139
ナイーブ予測	—	—	—	700	650	800	800	750	700	800	650	700	728
誤差	—	—	—	100	100	−100	0	−100	0	−100	100	100	11
絶対誤差	—	—	—	100	100	100	0	100	0	100	100	100	78
Scaled 誤差				1.3	0.6	3.9	3.9	3.2	1.3	0.0	0.6	1.3	**1.8**

　これら2つの例から、やはり季節性の大きな商品では、MASEが小さくなっていることがわかります。つまり、これらの商品の予測精度を比較することは困難な指標といえます。

　一方で、パターン（1）は今のロジックやプロセスで付加価値を生み出せているといえます。しかしパターン（2）はMASEが1を大きく上回っているため、ロジックやプロセスを見直す余地があるという解釈になります。

　そこで実務では、同じような季節性の大きさを持つ商品やカテゴリーを対象に、予測ロジックの適性を測るのに活用するのが有効でしょう。また、併せて予測付加価値を提示することで、投資判断への参考にもできるはずです。

5-5 予測付加価値

その予測ロジックはどれくらいの価値を生んでいるのか

予測精度と在庫回転率は無相関!?

　需要予測の高度化に向けた支援をしていく中で、特に消費財、食品、飲料などのメーカーにおいて、システム化の予算を確保しづらいという悩みをよく聞きます。この理由は、需要予測の精度向上が、品切れや過剰在庫の抑制に、具体的にどれくらい効果があるのかを示しにくいことだといわれています。

　私も実務の中で、日別POSデータを使う需要予測システムや予測精度の評価システム、S&OPのための需要マネジメントシステム、需要予測AIの構築など、いくつかの投資提案をしました。それにあたり、予測誤差率（MAPEや高精度のSKU構成比）などと在庫回転率などの関係性を分析したのですが、相関は認められませんでした。もちろん、需要予測と品切れや過剰在庫の発生にはタイムラグがあることも考慮して分析しています。私が考える理由は主に2つです。

- 品切れや過剰在庫はサプライチェーン上のさまざまな機能に起因していて、単純に需要予測との関係性だけでは分析できない
- 2020年のコロナ影響などを除いた平時では、SKU別のMAPEは20〜30％程度であり、この範囲における精度と在庫は相関係数が高くならない

　需要予測のミスは、ほぼ確実に品切れや過剰在庫に影響しているでしょう。

　一方で、その間には在庫計画、生産計画があり、原材料の調達やロジスティクスの制約もかかわってくるため、それらの要素すべてを変数化して分析しないと、予測精度の影響は可視化できません。

また、2020年の新型コロナウイルスの影響のように、明らかに異常な予測精度になった場合は、品切れや過剰在庫への影響も見えます。しかし、平時の安定した予測精度の中では、他のオペレーションでカバーできることもあり、関係性が見えにくくなっていると考えています。

そこで、ダイレクトに需要予測の価値を測ることが、投資提案では1つの有効な手段となります。それが、予測付加価値という概念です。

予測付加価値の計算例

先述のパターン（1）：季節性が大きい商品の例を再度使って、具体的な計算例を示します。

今回は2つの予測の絶対誤差の差に注目してください。この差を、今使っている予測ロジックが生み出している付加価値と考えることができます。具体的には、1商品あたりの予測付加価値（FVA）は次の式で試算します。

FVA＝（「ナイーブ予測による絶対誤差」
－「使用している予測ロジックによる絶対誤差」）×単価

図5-13　予測付加価値

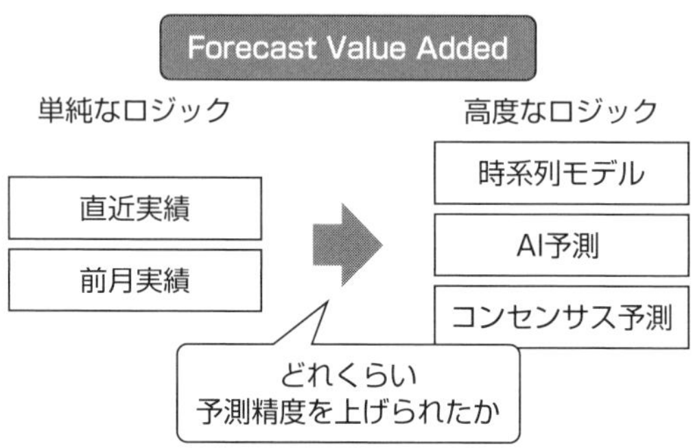

この単価は、基本的には在庫評価に紐づけるため、原価ベースで算出するのがよいでしょう。この例では3000円として、百万円単位で試算しています。単価3000円、月の売上規模が1000個程度の商品の場合、MASEが

0.4と1を下回れば、今の需要予測ロジックによって月に60万円の価値を生み出していると試算されます。

　ちなみにこの計算例でのMASEは、ナイーブ予測の絶対誤差の月平均で割って算出しました。しかし実務では、月ごとのナイーブ予測の絶対誤差を使ってスケーリングしてもよいと思います。BiasもMASEも、大元の定義は踏まえつつ、実務に合わせてアレンジできるとさらに有効活用できるでしょう。

図5-14　季節性が大きい商品の例

(個・百万円)

2か月先を予測	1月	2月	3月	4月	5月	6月	7月	8月	9月	10月	11月	12月	平均
予測	800	800	1,000	900	1,000	1,100	1,300	1,200	1,000	900	800	1,000	1,022
実績	700	750	1,100	1,000	1,200	1,200	1,600	1,000	800	900	700	900	1,033
絶対誤差	100	50	100	100	200	100	300	200	200	0	100	100	144
ナイーブ予測	—	—	—	700	750	1,100	1,000	1,200	1,200	1,600	1,000	800	1,039
絶対誤差	—	—	—	300	450	100	600	200	400	700	300	100	350
Scaled 誤差	—	—	—	0.3	0.6	0.3	0.9	0.6	0.6	0.0	0.3	0.3	0.4
付加価値金額	—	—	—	0.6	0.8	0.0	0.9	0.0	0.6	2.1	0.6	0.0	0.6

　もう1つの、季節性が小さい商品の例でも計算してみましょう。MASEが1.8と1よりも大きくなっていて、付加価値もマイナスの値になっています。つまり、これは需要予測に労力をかけても、価値を生んでいないという厳しい評価になります。

図5-15　季節性が小さい商品の例

(個・百万円)

2か月先を予測	1月	2月	3月	4月	5月	6月	7月	8月	9月	10月	11月	12月	平均
予測	700	600	900	700	700	1,000	1,100	900	800	700	700	900	833
実績	700	650	800	800	750	700	800	650	700	700	750	800	739
絶対誤差	0	50	100	100	50	300	300	250	100	0	50	100	139
ナイーブ予測	—	—	—	700	650	800	800	750	700	800	650	700	728
絶対誤差	—	—	—	100	100	100	0	100	0	100	100	100	78
Scaled 誤差	—	—	—	1.3	0.6	3.9	3.9	3.2	1.3	0.0	0.6	1.3	1.8
付加価値金額	—	—	—	0.0	0.2	−0.6	−0.9	−0.5	−0.3	0.3	0.2	0.0	−0.2

以上のように、需要予測による付加価値を試算することができます。これは、新しいモデルを実装したシステム投資判断のための、1つの根拠となるでしょう。また、複数のシステムやモデルを比較検討する際は、どれを選択すべきかの1つの指標とすることもできます。

　ここで分析例を1つ挙げます。横軸を商品の重要度（売上規模や戦略的観点）、縦軸をMASEとして、商品をプロットします。このMASEはシステムによる統計予測を評価したものとします。このとき、MASEが小さく重要度が高くない商品については、予測をシステムに任せる、という判断が有効になります。一方で、MASEが小さくても戦略上重要な商品や、MASEが大きい商品については、コンセンサスの対象として、関連部門で注視します。

　このようなMASEを使った需要予測オペレーションの効率化も有効です。

図5-16　MASEを使った需要予測分析

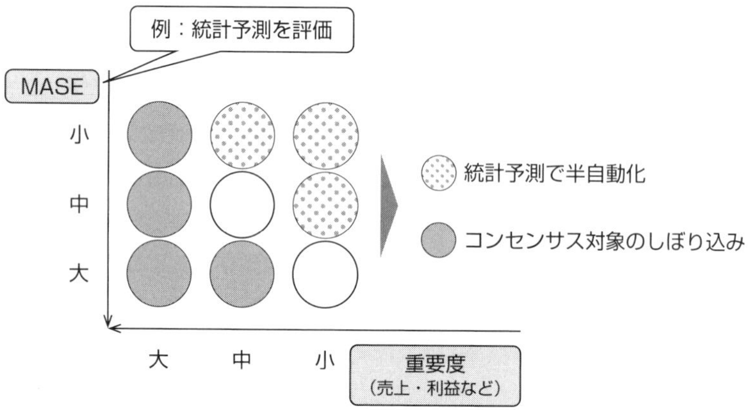

例：統計予測を評価

MASE

小　中　大

大　中　小

重要度
（売上・利益など）

統計予測で半自動化

コンセンサス対象のしぼり込み

5-6 予測誤差ベースの戦略在庫

需要の変動を想定した在庫計画

精度ドリブンの需要予測マネジメント

　需要予測の誤差は、精度向上のための分析に用いられるだけではありません。精度の実態を踏まえ、サプライチェーンで変動リスクをヘッジするためにも使われます。大きな投資を必要とせず、通常オペレーションの中で実施しやすいのは、在庫計画立案への活用です。

新商品の在庫計画

　在庫計画で需要変動リスクをヘッジする価値が大きいのは、新商品です。発売前の需要予測が特にむずかしいという話は4章でしました。そのため、在庫という観点からも品切れや過剰在庫のリスクを下げる工夫が有効になります。

　たとえば、商品AとBという2種類が発売されるとします。このとき、企業としては商品Aを中心にプロモーションを行なうと決め、商品Aの需要予測を高くしたとします。しかし、消費者がその通りに購入するとは限りません。商品AとBのカテゴリーが異なり、明らかにニーズ差がある場合は別ですが、同じカテゴリーの色違いなどとなると、プロモーション通りにはいかない可能性があります。

　在庫は通常、多く売れる商品ほど多く持ちます。しかしこのときは予測がはずれる場合を想定し、在庫は商品Bのほうを多く持っておくという計画を考えます。これにより、商品Bのほうが売れても品切れを発生させず、商品Aの在庫が過剰になるのを防ぐことができます。これが、予測誤差を想定した在庫計画です。

カニバリゼーションを想定した在庫計画

　また、新商品発売の影響を受ける既存商品の在庫計画にも需要予測が重要となります。すでに発売されているカテゴリーと同じカテゴリーに属する新商品が発売になるとします。

　たとえば衣料品メーカーにおいて、汗を素早く吸収して乾いた状態を保つ夏用のシャツAを販売しているとします。そのメーカーが、非常に軽く、肌触りのよい夏用のシャツBを新発売するとき、これまでAを購入していた消費者の一部は、Aの代わりにBを購入する可能性があります。

　需要予測では、過去の事例を参考に消費者の流出入を考慮します。具体的には、シャツAは従来よりも30％需要が減り、Bとの合計で＋40％の需要増になるだろうなどと予測します。この衣料品メーカーとしては、新商品を発売することで、シャツA単体の需要は下降するものの、カテゴリー全体では売上を伸長できると考えたことから、Bの発売を決断したということです。

　このとき、通常であればシャツAの在庫はB発売後の需要予測に合わせて在庫を計画します。従来よりも30％少ない在庫で運用するということです。しかしシャツBが予測ほど売れない可能性があります。この場合、シャツAの売上も予測ほど下降せず、在庫を少なくしていると品切れが発生する可能性があります。

　需要変動を想定すると、シャツAの需要が下降すると予測する一方で、在庫はこれまで通りの水準で用意しておくといった計画を立てることができます。もちろん、シャツB発売後のAの需要水準が見えてきたところで、早期に在庫量を調整します。

　こうした在庫計画はSCM部門単体で行なうのではなく、マーケティング・営業部門と事前にコミュニケーションをとっておくことが重要になります。

戦略在庫

　需要変動に対するリスクヘッジは多くの企業で、１章-2で紹介した安全在庫に基づいて用意されています。これは過去の需要や誤差のばらつきを

基に、どれくらいの品切れを許容するかを決めて、算出するものです。しかし、次の2点で、現実には合わない場合も多くあります。

①ばらつきが正規分布になると仮定している
②過去データを基に算出する

　統計予測のみであれば、ばらつきは正規分布で近似できるかもしれません。しかしビジネスでは、すでに述べてきた通り、コンセンサスによる意思入れが行なわれるため、予測が高くなる場合が多いといえます。また、過去データのない新商品や、競合の新商品発売、取り扱い店舗数の減少などの環境変化があった場合などでは、統計安全在庫は使えません。

　そこで需要変動、つまり予測の誤差を想定して在庫計画を立案するというのが、「戦略在庫」という概念です。ただしこれは未来の需要変動を想定する必要があるため、スキルが必要であり、負荷もあります。そこで、過去データが十分にあり、環境変化が想定しにくい商品は統計安全在庫で効率化、新商品やプロモーション対象品などは予測誤差も想定して戦略在庫でリスクヘッジなどと、需要特性に合わせて在庫を計画するのが効果的になります。

図5-17　戦略在庫という新概念

過去の需要
・予測誤差 → 統計安全在庫　　戦略在庫 ← 未来のプロモーション・需要変動の予測

スキルが必須・高負荷

◆適する商品

	統計安全在庫	戦略在庫
環境変化の影響	小さい	大きい
プロモーション	非対象	対象
ライフサイクル	成熟期	成長期・終売時

精度ドリブンの実務マネジメント

予測精度をベースにオペレーションをマネジメントする

需要予測リバイスのための短期のマネジメント

ここでは本章で説明した予測メトリクスを用いて、予測業務のマネジメント例を紹介します。メトリクスとは、課題を発見し、対策を打つためのものです。ある程度の需要予測スキルを身につけたら、予測をマネジメントする意識を持つ必要があります。

まずは短期の需要予測マネジメントについてです。短期というのは、具体的には先行1か月〜半年程度の期間のことで、生産計画立案や原材料調達のための需要予測です。

MAPE×誤差率分布

ここまで述べてきた通り、各メトリクスには特徴があります。それらを組み合わせてマネジメントすることが有効です。

1つの組み合わせは、「(売上加重平均) MAPE」と「誤差率分布」です。

予測のパフォーマンスを評価するにはMAPEが最適です。同時に誤差率分布もモニタリングすることで、予測または需要変動の傾向を捉えることができます。MAPEでカテゴリー全体の予測精度をモニタリングし、誤差率分布で予測と実績の乖離の方向性を把握するという考え方です。

たとえばMAPEが悪化し、誤差率分布では実績が予測を上回っている層が増えているとします。このとき、何らかの要因によって全体的に需要が伸長している可能性があり、早期にその要因を想定し、予測の前提やロジックを変える検討をしなければなりません。円安が進行し、インバウンド需要が大きく伸長した場合など、このような変化が起こります。

こうして課題領域を特定し、さらに細かな商品別の乖離を見ていきます。これには、商品別のMAPEインパクトを降順に並べて確認するのが有効

です。経営への影響が大きく、需要予測修正の優先順位が高いものが上位にくるためです。カテゴリー全体のMAPEと誤差率分布で全体的な精度と傾向を把握したうえで、修正優先度の高い商品を確認していくという流れになります。

　MAPEは低く抑えられているものの、誤差率分布で高精度の割合が減った場合は、売上規模の小さい商品の精度が悪化したと考えられます。売上規模の小さい商品はノイズの影響を受けやすく、予測誤差を抑えるには細かくモニタリングして修正する必要があります。しかし、次の場合などは、早期の対応は不要かもしれません。

- 効率を優先したロット（まとめて生産する単位）で生産している場合
- モニタリングと予測修正にリソースを割くよりも、在庫を用意して対応しようと考えている場合

　このメトリクスの組み合わせは、複数のカテゴリーをまとめてマネジメントする場合に特に有効です。

図5-18　短期の予測精度マネジメント

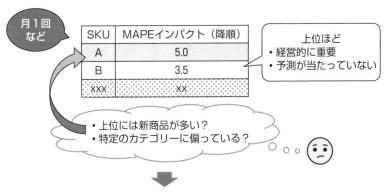

MAPE×トラッキング・シグナル

　もう1つ紹介したいメトリクスの組み合わせは、MAPEとトラッキング・シグナルです。

　この組み合わせは、たとえばブランド内など、1つのカテゴリー内での予測マネジメントを行なう際に有効です。オペレーションは次のステップで行ないます。

1. カテゴリー内の商品をMAPEインパクト降順に並べる
2. 誤差率の閾値を設定し、フィルタをかける
3. さらにトラッキング・シグナルの閾値でフィルタをかける

　こうして残った商品は、上位からかなり予測修正の緊急度が高いものと捉えることができます。直近でも大きな誤差が発生している売上規模の大きな主力商品であり、かつ数か月合計でも同じ方向に需要が変動しているからです。この場合、品切れや過剰在庫のリスクが非常に大きくなっている状態だと考えられます。

　3つめのフィルタをはずすことで、やや修正優先度の低い商品を見ることができます。これは、継続的に同じ方向へ変動しているわけではないものの、直近で大きな需要変動が発生した商品になります。

　さきほどのMAPE×誤差率分布の組み合わせは、複数のカテゴリーの中から課題領域を特定し、予測を修正すべき商品に絞り込んでいくアプローチでした。MAPE×トラッキング・シグナルの組み合わせは、商品別の分析から始めるアプローチになります。扱うSKU数や、マネジメントする範囲などを踏まえ、メトリクスの組み合わせをアレンジしてみてください。

課題発見のための中長期の予測マネジメント

　年に1～2回は、より広い視野での予測精度の分析が必要です。これは短期的な生産調整や原材料調達のためではありません。ブランド、エリア、

アカウントなどを横断的に分析することで、どこに需要予測の課題があるかを見つけ、改善するための中長期的なアクションを検討するために行ないます。

図5-19のように、たとえばブランド別などで年間の売上加重平均MAPEを並べます。このとき、縦軸でライフサイクル別に分解するなど、もう1つ軸をかけ合わせるとより効果的に分析することができます。本年と前年、統計予測とコンセンサスによる意思入れなどの軸をかけ合わせてもより深い分析ができます。

実際、私は毎年ブランド別のこうした予測精度のレビューを行ない、エグゼクティブ、ディレクター層にビジネスユニットごとの課題を提示してきました。そのときの主な軸は、「ビジネスユニット、ブランド」×「商品のライフサイクル」×「本年と前年」×「統計予測と意思入れ」という4軸のかけ合わせです。企業内でもビジネスユニットやエリアによって、需要予測の課題が大きく異なることもめずらしくありません。

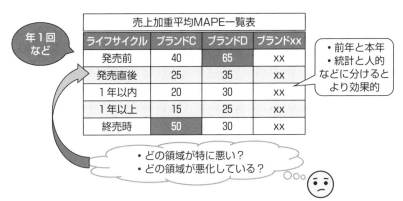

図5-19　中長期の予測精度マネジメント

年1回
など

売上加重平均MAPE一覧表			
ライフサイクル	ブランドC	ブランドD	ブランドxx
発売前	40	65	xx
発売直後	25	35	xx
1年以内	20	30	xx
1年以上	15	25	xx
終売時	50	30	xx

・前年と本年
・統計と人的
などに分けると
より効果的

・どの領域が特に悪い？
・どの領域が悪化している？

過剰在庫の要因とくみ合わせるとより高度な分析が可能

この他に、Biasの計算例で提案したSKU計Bias率でのモニタリングも有効です。グローバルにビジネスを展開している企業であれば、たとえばエ

リア（国）ごとのSKU計Bias率をモニタリングすることで、各エリアの需要予測にはどのような特性があるのかを把握することができます。これを踏まえ、在庫計画で需給リスクをヘッジすることができるでしょう。

　中長期の需要予測マネジメントでは、短期と同じメトリクスを使うとしても、分析の切り口を工夫することでより効果的な考察を行なうことが可能になります。まずは分析の目的を整理し、メトリクスをそれに合わせてアレンジすると効果的です。

図5-20　デマンドダッシュボード

M月	エリアA	B	C	･･･
w-MAPE	35%	50%	45%	･･･
Bias率	△10%	+15%	+20%	･･･
MASE	0.6	1.1	0.9	･･･

エリア・アカウント別などで
需要予測の状況が一目でわかる

↓

精度改善に向けた
アクションの指示へ

w-MAPE （Bias率）	･･･	M-2月	M-1月	M月
カテゴリーD	･･･	20% (+3%)	25% (△5%)	30% (△5%)
E	･･･	30% (△7%)	25% (△5%)	25% (+5%)
F	･･･	20% (+5%)	35% (△10%)	40% (△15%)

5-8 予測メトリクスのまとめ

> 各種メトリクスの特徴を把握し、使い分けるのが有効

代表的なメトリクスの整理

　本章の最後に、紹介したメトリクスを横並びで整理します。実務で有効活用しやすいのは、この3種類です。

①売上加重平均MAPE
②Biasとそれを使ったトラッキング・シグナル
③MASE

　複数SKU合計のBiasをモニタリングするのであれば、アレンジ版のSKU計Bias率がつかいやすいでしょう。それぞれの特徴と活用例は図5-21の通りです。

図5-21　予測メトリクスと活用法

予測メトリクス	weighted-MAPE	Bias	MASE
特徴	絶対誤差率の売上加重平均	誤差の期間合計	ナイーブ予測に対する優位度
活用例	・プランナーの評価 ・カテゴリー単位の予測精度評価 ・予測ロジックの評価 ・予測プロセス改善のための分析	・SKU別の予測傾向把握 ・市場変化の解釈	・FVAの試算 ・予測ロジックの評価
アレンジ指標（筆者考案）	MAPEインパクト	Bias率 SKU計Bias	ブランドMASE ロジックMASE

1. 需要予測修正のトリガー
2. 需要予測ロジック、プロセス改善の分析

MAPEは売上規模の小さい商品の影響を抑えるため、売上でウエイトをかけて用いるのが一般的でした。MAPEは予測と実績の乖離度合いを評価するため、予測のパフォーマンス測定に適しています。そのため、カテゴリー単位の評価やプランナーの評価に有効活用できます。アレンジ指標としては、MAPEインパクトが非常に使いやすいです。

　Biasは期間合計の誤差です。そのため、正負が打ち消し合い、誤差の方向性の把握に役立ちます。実績で割ってBias率を算出することや、SKU計のBiasでエリア、アカウント別、月ごとにモニタリングすることも有効です。

　MASEは定義式よりも、ナイーブ・フォーキャストとの比較という考え方が重要でした。この考え方を基に予測の付加価値を計算することで、投資判断に活用することができます。

　これらを組み合わせてモニタリングする目的は、①短期の予測修正のトリガーと、②定期的な予測ロジック、プロセス改善のための分析でした。各メトリクスの定義と特徴を理解し、実際に活用してみてください。使う中で、各社のビジネス、組織に合ったアレンジが見えてくるはずです。

予測モデルの評価と予測対象の評価

　予測メトリクスは、主に次の2つの目的のために使われます。

①モデル、ロジックの評価
②予測対象（ブランド、アカウント、エリアなど）の評価

　適したメトリクスは、それぞれで異なります。

　Seasonal-ARIMAモデルや機械学習といった予測モデルの精度比較をする際は、MASEやRMSEとBiasを組み合わせるとよいでしょう。MAPEは間欠需要を持つ商品の評価には向かないので、MASEの考え方で付加価値を試算したり、実績で割らないRMSEを併用したりすることで、需要特性に合ったモデル選定を効果的に行なうことができます。

　一方で、ブランドやアカウント、エリア間での精度比較を行なう場合は、

売上加重平均MAPEとトラッキング・シグナルの組み合わせなど、先述のアレンジが有効です。この比較によって、需要予測で課題があるカテゴリーを発見します。

　予測対象をそろえたうえで、それに適したモデル、ロジックを選定する場合と、特定カテゴリー全体での予測のパフォーマンスを評価する場合とで、メトリクスのつかい分けが有効になります。

　もちろん、この区分けは確定的なものではありません。売上加重平均MAPEも、SKUではなく、たとえば月ごとでウエイトをかけることで、モデル選定にも使うことができます。また、異なる季節性の商品が含まれていても、同じプロダクトポートフォリオであれば、アカウント間での精度比較にMASEも使えるかもしれません。

　ぜひさまざまな予測メトリクスを使いこなし、分析の目的に合った最適なアレンジを探してみてください。

図5-22　2種類の精度分析とメトリクス

予測モデル間の比較
- s-ARIMA
- 3重指数平滑（ホルト・ウインタース）
- 機械学習
- 因果モデルなど

予測対象間の比較
- ブランド
- アカウント
- エリア
- ビジネスユニット
- カテゴリーなど

MASE, RMSE, Bias　　推奨メトリクス　　w-MAPE, Bias, 誤差率分布

"〇〇カテゴリーではどのモデルの精度が高いか？"

"どのアカウントの精度が高いか？""どのエリアで精度が悪化しているか？"

予測精度改善の全体像

　予測メトリクスの把握と有効活用は、私の需要予測講座でも重要テーマの1つであり、多くの企業で改善の余地が大きい領域だと感じています。しかし、これは精度向上を考えるうえでは1つのチェックポイントでしか

195

ありません。

　予測精度改善の全体像としては、7つのイニシアティブが提唱されています（G. Sankaran et al., 2019）。図5-23に示す7つのポイントを改善することで、精度改善をリードしていくという考え方です。

　まず、コンセンサスのプロセス改善です。データ分析をベースとすることや、意思入れに対するフィードバックをすることなどを、プロセスとして整備できているかの確認です。コンセンサスをファシリテートするデマンドプランナーの育成から始まることになるでしょう。

　これに関連し、需要予測を因果関係に基づいて分解できるようになっているかも重要です。そうでないと、ロジカルなコンセンサスが行なわれにくくなります。どんな前提が置かれ、どの要素に意思入れしているかを可視化します。

　このコンセンサス・フォーキャストの誤差を計測し、要因を分析して分類することも有効です。どんな要因で、どの程度の予測誤差が発生しているかを把握できるからです。

　コンセンサス前後で比較できるように、予測値を分けて管理できるとよいでしょう。データ分析に基づくベースフォーキャストと、マーケティングプロモーションを加味したコンセンサス予測を分けて管理できていると、

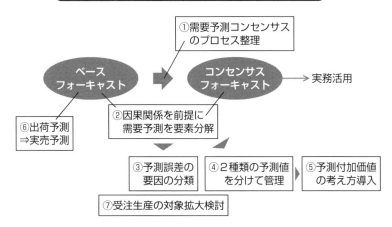

図5-23　予測精度改善の7つのイニシアティブ

①需要予測コンセンサス
　のプロセス整理

ベースフォーキャスト　→　コンセンサスフォーキャスト　→　実務活用

②因果関係を前提に
　需要予測を要素分解

⑥出荷予測
　⇒実売予測

③予測誤差の
　要因の分類

④2種類の予測値
　を分けて管理

⑤予測付加価値
　の考え方導入

⑦受注生産の対象拡大検討

そこから各プロセスの予測付加価値を試算することが可能になります。

　予測に使うデータに関しては、ベース・フォーキャストの時点で、消費者の需要であるPOSを活用できることが望ましいとされます。これについては6章-5のS&OPのテーマで精度差を含めて補足します。

　また、受注生産で予測の対象からははずしてしまうという発想の転換も提案されています。ただ、これはビジネスモデルの変更にもなり、予測精度改善とは少しちがった観点といえるでしょう。

　本章で紹介した予測精度の評価メトリクスについて、ショート動画でも解説しているので、必要に応じてご参照ください。

　Vimeo需要予測入門② 海外の研究から見る 新製品の予測モデルや予測精度の評価メトリクス

ショートセミナー2

予測が不要な需要【海外化粧品ブランドの事例】

　需要予測にはメリハリが重要です。単純に時間をかければ精度がよくなるということではなく、きちんと予測するためには、データを集めて分析を行ない、しっかりと考える時間が必要になります。ただ、時間をかけても精度向上が見込めないものもあるのも事実です。

　その1つは売上規模が非常に小さい商品です。では、ノイズの影響で時間をかけても予測が当たりにくい商品は、どのように対応すべきなのでしょうか。

　1つの回答は、予測に時間をかけず在庫の持ち方で対応する、というものです。需要予測は移動平均を使います。この手法は過去データだけで予測ができるので、時間はほとんどかかりません。一方、需要予測が当たらないとはいえ、売上規模が小さいことから、ある程度の在庫を持っておけば、品切れも過剰在庫も発生させずに商品を安定供給することができます。

　この対応の最大のメリットは時間の創出です。予測にかける時間を短縮することができるため、その分、次のようなアクションに使うことができます。

・デマンドプランナーであれば、予測の難易度が高く、さまざまな分析が必要になる商品の需要予測
・マーケターであれば、商品の魅力をより伝えるためのプロモーションを考えること
・営業担当者であれば、顧客とのより密な情報交換やコミュニケーションに時間を使うこと

　もちろん、売上規模が小さいすべての商品にこの対応をするわけではありません。その中でも、プロモーション対象や終売を検討しているものなどは、時間をかけて予測する必要があります。

　ある化粧品の海外ブランドで、実際にこの需給マネジメントが行なわれています。

　そのブランドは、口紅やアイシャドウ、ファンデーションなど、メイクアップと呼ばれるカテゴリーを中心に展開しており、世界中の多様なニーズへの対応を目指しているため、色の配置が非常に多いのが特徴です。人種のちがいや肌の色によって、化粧品に対する意識も、たとえば日本人はスキンケア意識が高いのに対し、アメリカ人はメイクアップ意識が高いなどと異なります。また、メイクアップカテゴリーの需要は流行の影響を受けやすく、次々と新商品が発売され、市場の動きが非常に早いという特徴があります。そのため、このブランドも新商品が多く、売上規模と比較してSKU数が多くなり、1SKUあたりの売上規模は小さいものが多くなっていました。

　以前、このブランドにおける需要予測は、マーケターがSKU別に行なっていました。しかし、SKU数が優に数百は超えている一方、多くの売上規模が小さいことから、予測精度は悪く、品切れと過剰在庫が多く発生している状態でした。マーケターは、新商品の発売に合わせ、次々とプロモーションを考えなければならないため、全SKUの需要予測に十分な時間をかけられなかったのです。

　また、売上規模が小さいと、そもそも高い予測精度は期待できません。その結果、需要予測にかかっている時間や労力と比較して品切れや過剰在庫を抑えられず、生産性は高いとはいえませんでした。

　そこで、売上規模によって需要予測に時間をかけるSKUを絞り込みました。ノイズの影響で高い精度が期待できないものは移動平均を採用し、ある基準以上の売上規模のSKUのみ、分析に基づく需要予測を行なうという考え方です。

　これによって、予測対象のSKU数は80%以上削減されました。マーケターはそれにかかっていた時間と労力を、新商品のプロモーションや売上上位品の需要予測に割くことができるようになったのです。

　この結果、ブランド全体の予測誤差率は改善し、在庫を増やさずに品切れは減りました。このブランドの売上伸長を支えているのが、このメリハリをつけた需要予測だと考えられます。

.

第 **6** 章

S&OPのための需要予測

SCMのトリガーという供給サイドへの情報発信は、需要予測の一側面でしかありません。市場変化をアジャイルに反映し、マーケティング投資の最適化、経営管理におけるコストコントロールなど、需要サイドへの示唆提供も担う需要予測が新たな価値を生み出しはじめています。

需要予測を土台に、経営の意思決定をSCMの側面から支援するS&OPという概念が、日本でも広がっています。S&OPの理論的フレームワークを学び、自社のビジネスに合わせてアレンジできるスキルを磨いてください。

S&OPの概念

需給統合による事業戦略の実現

S&OPのグローバル標準の定義

まずはグローバル標準の定義を確認しましょう。

S&OP（Sales and Operations Planning）……新商品・既存商品の顧客重視型マーケティング計画と、サプライチェーンの管理とを融合し、継続的な競争優位性の確立へ向けて戦略的に事業を推進する能力を経営者に提供する、戦略的計画の策定プロセス（APICS Dictionary 対訳版）

図6-1 需給統合による戦略の実現

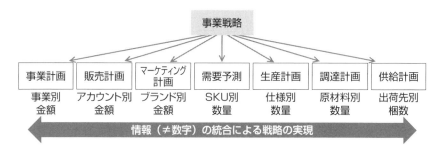

S&OPは需給調整とは異なり、次のような特徴があります。

①営業部門と生産部門だけでなく、経営管理部門なども関わる多機能の統合的なプロセスである
②商品別×数量ベースだけではなく、商品ファミリー計×金額ベースでのコミュニケーションも含まれる
③振り返りを重視した定期的なオペレーションである

④担当者レベルではなく、トップマネジメント層が意思決定する仕組みである

S&OPは日本企業でも広まってきましたが、その本質が正しく理解されているかどうかは疑問です。需給調整とは異なる概念であるということは浸透してきたと感じます。一方で、単に事業計画をSCMに展開するという考えで、数千や数万という商品を取り扱っているにもかかわらず、企業内の複数の数字を統一することに膨大なリソースを割いているケースもあり、これはS&OPの本質ではないと考えています。

数字の統一、One numberというフレーズの解釈は、S&OP発祥の地、アメリカでも議論の余地があるようです。S&OPは中長期の不確実性の高い市場を対象とします。そのため、シナリオ分析よる"幅を持ったレンジ・フォーキャスト"が重要だともいわれます。これは複数の計画の存在が前提です。SCMやマーケティング、営業部門などがそれぞれの得意領域から数字を持ちより、コラボレーションすることが有効であるという意見もあります（Daniel Fitzpatrick, 2020）。この考え方はAIのビジネス活用によって、より広がっていくでしょう。

私はさまざまなロジックに基づく複数の予測、計画の存在を否定すべき

図6-2　ワンナンバーの落とし穴

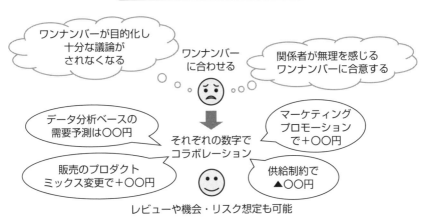

ではないと考えています。関連部門でのコンセンサスは必要ですが、合意すべきは数字ではなく、その考え方の前提です。

　データドリブンの需要予測があり、企業の目標ともいえる事業計画とは別だからこそ、その達成可能性を定量的に評価することができます。こうして具体的なアクションの検討を可能にします。重要なのは、これらを多部門で共有し、スピーディにトップマネジメント層の意思決定に連携することです。同時に知見を蓄積しつづけることで、その意思決定の精度を高めなければなりません。

　需給情報の統合による事業戦略の実行が、S&OPの本質です。

▍S&OP研究の歴史

　次に、S&OPの歴史について振り返りましょう。S&OPは1990年代から研究論文が発表されはじめ、2012年にはS&OPに関する271本をレビューした論文が発表されました（Antonio Marcio Tavares Thomeら，2012）。このレビュー論文の中で、S&OPの目的は2つに整理されています。

①需要と供給のバランスをとること
②企業における戦略とオペレーションを連携すること

　実務では、成長戦略をオペレーションに落としこむ過程で、需要を想定通りにコントロールできず、供給にも制約があることから、需要と供給のバランスを考慮して意思決定することが必要になります。その中でコストを適切に抑えて利益創出を実現するために、品切れと過剰在庫を同時に抑制することを目指すのがS&OPといえます。

　この過程で避けて通れないのが、顧客へのサービス率と在庫回転率といった、部門間のミッション（KPI）の違いに起因するトレードオフの調整です。S&OPは多機能が関わるオペレーションです。それらを横断して管轄するトップマネジメント層が意思決定するため、このトレードオフも広い視野から調整できるというわけです。

　ビジネスでは、先行して取り組んでいる企業の事例を参考にすることが

多いですが、企業ごとにビジネスモデルは異なり、業界内でのポジションやそれを踏まえた戦略も異なります。そのため、他企業のオペレーションをそのまま取り入れても成功確率は低いでしょう。業界横断の事例を客観的に分析したアカデミック知見から本質を学び、それを自社の戦略に合わせてアレンジすることが必要だと考えます。

図6-3　需給調整との比較で理解するS&OP

項目	需給調整	S&OP	
関与者	主幹はSCM部門＋マーケティング・営業	左記に加えてエグゼクティブ層・経営管理部門	▶ 経営への影響を考える
議論の粒度	SKU別の数量（全SKU）	ファミリー計の金額＋主力SKUの数量	▶ 全体的な需給を把握する
対象期間	2～6か月程度先まで	1年～1年半程度先まで	▶ より大きな需給コントロール

4つのミーティングを軸に設計する

S&OPプロセスの理論的フレームワーク

　ここからは、実際にS&OPを実行するプロセスについて説明していきます。

　S&OPは、事業計画、販売計画、マーケティング計画、過去の販売デー
タ（Historical Data）などを踏まえたSKU別の需要予測がベースとなりま
す（Sheldon, Donald, 2006）。これに対し、商品や原材料の生産ライン、
人員、倉庫やトラックのキャパシティなど、供給上の制約を整理して、中
長期的な需給ギャップを可視化します。

　これを基にトップマネジメント層が意思決定を行なうため、需要予測と
供給制約は事前に精査する必要があります。

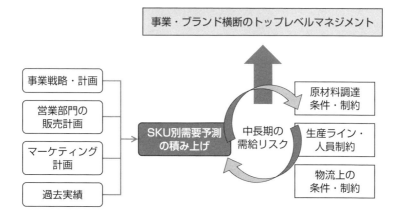

図6-4　S&OP全体像

　具体的には、4つのプロセスで推進します（Gattorna, Jhon, 2009）。こ
れにデータ準備、分析の事前ステップを加えて5ステップとする考え方も

ありますが（Antonio Marcio Tavares Thomeら，2012）、会議体として
は4つです。

①デマンドレビュー
②サプライレビュー
③プレ―S&OPミーティング
④エグゼクティブ―S&OPミーティング

　デマンドレビューには、需要サイドであるマーケティングや営業部門に
加えて、SCMの中でも需要予測を担うプランニング機能が参画します。
それぞれの計画の物的粒度（ブランド別、アカウント別、SKU別など）
や集計単位（数量ベース、金額ベース）は異なる場合が多いですが、コン
センサス・フォーキャストを作成します。
　どの部門がリードするかは、企業の組織体制によって異なるでしょう。
ただ、最終的には需給ギャップを可視化するため、SKU別の需要予測が
必要になるはずです。そのため、SCM部門の需要予測機能がリードでき
るとスムーズです。
　需要予測をメインテーマとする本書では非常に重要な会議体であるため、
デマンドレビューについては別途、6-4でくわしく説明します。

　次に実施されるのがサプライレビューです。これは、主にSCM部門で
確認されます。なぜなら、サプライレビューでは提示された需要予測に対
し、各種供給制約を精査する必要があるためです。
　供給制約には主に、商品の生産、原材料の調達、ロジスティクスという
3種類があります。また、生産ラインや倉庫、トラックといった設備の制
約と、それぞれを担う人員の制約があります。多くの企業において、効率
性のために、これらの資産はブランドやビジネスユニットでシェアしてい
るでしょう。そのため、単独のビジネスユニットで各種キャパシティを割
り振ることはむずかしいといえます。

そこで短期的には、ブランドやビジネスユニットの横断で、供給の優先順位づけを行なう必要があります。これは上位のマネジメントでないとむずかしく、マーケティング、営業、SCM部門のディレクター層で議論します。また、利益の観点も重要になるため、財務、経営管理部門も参画することが理想です。

　中長期的にも需給ギャップが解消されない見通しである場合は、供給キャパシティの増強も議論されます。たとえば、工場の生産ラインの新設や大規模な人材採用といった大きな投資を伴う判断もあり、エグゼクティブ層の意思決定が必要になるかもしれません。

　こうした大型案件は、上位の会議に持ち越され、エグゼクティブ-S&OPミーティングと呼ばれます。一方で、その事前に行なわれる需給ギャップへの対策検討は、プレ-S&OPミーティングと呼ばれます。

　アジャイルに市場環境の変化に対応していくこともS&OPの目的であるため、これらは毎月開催されるのが理想です。

図6-5　S&OPプロセス

1. Demand Review	参加者	マーケティング・営業・プランニング（SCM）
	内容	需要予測と事業・販売計画の比較
	アウトプット	コンセンサス予測 ＊シナリオ分析・Range forecastが重要
2. Supply Review	参加者	生産・調達・プランニング（SCM）
	内容	需要計画と供給制約の比較
	アウトプット	供給計画・需要管理
3. pre-S&OP	参加者	財務・販売・SCM　＊部門長クラス
	内容	中長期の需給リスクへの対応
	アウトプット	経営層への提案
4. Executive-S&OP	参加者	経営層
	内容	中長期の需給リスクへの対応
	アウトプット	需給リスクに対する大きな意思決定

6-3 S&OPガイドライン

誰が何を議論すると効果的なのか

S&OPの関与者

S&OPの4つのプロセスでは、中長期な需給ギャップを可視化し、リスクを議論して、プロアクティブに対応を決めることを目指します。SKU別、数量ベースで確認される短期的な需給調整は、基本的に担当者間で推進できます。一方、ここまで述べてきたように、S&OPでは中長期の需給ギャップを解消するため、比較的大きな意思決定を伴います。

具体的には、新商品の発売時期の変更や生産ラインの増設、ブランド、ビジネスユニット横断での在庫アロケーションなどです。それらを意思決定するため、単に需給のギャップを解消するという視点だけでなく、事業戦略や経営管理の観点からも考える必要があります。そのため、より上位のマネジメントが関与する必要があるのです。

需要を管轄する機能からは、マーケティング、商品開発、営業、需要予測のマネジメント層が参加します。供給を管轄する機能からは、SCMやロジスティクスのマネジメント層です。さらに、最終のミーティングには"Chief"が付くエグゼクティブ層の参加が必須となります。

また、重要な存在となるのがS&OPのマスタースケジューラー（S&OPマスター）と呼ばれる、専属のマネジャーです（Sheldon, Donald, 2006）。さまざまな部門のマネジメント層が参加するS&OPプロセスを効率的に推進するには、事前のデータ準備が極めて重要になります。必要なデータを収集、分析し、意思決定しやすいように整理しておかなければなりません。

S&OPマスターはデマンドレビューやプレ—S&OPミーティングのファシリテーターを務めるため、S&OPやSCMの専門知識や市場、プロモーションに関する情報にも精通しておく必要があります。

図6-6　S&OP関与者の役割

エグゼクティブ層	・デマンド、サプライ、財務計画の承認 ・需給リスクの議論と意思決定 ・各専門機能への質問によるファシリテーション ・各機能のトップの参画を促進 ・各種KPIと事業戦略の関係性理解
マーケティング・営業 ディレクター層	・デマンドプランの責任 ・予測精度の把握と解釈 ・商品やプロモーション、市場に関する情報発信
SCM・ロジスティクス ディレクター層	・供給制約の整理 ・オペレーションの責任 ・供給制約やサービスレベルに関する情報発信
財務・経営管理 ディレクター層	・財務、経営管理指標の見通し ・S&OPと財務、経営管理指標の関係性理解
S&OP マスタースケジューラー	・デマンドレビューのリード ・プレーS&OPミーティングの準備とファシリテーション ・各種KPIの整理 ・需給リスクの事前想定 ・S&OPのスケジュール管理

S&OPのルール

　S&OPプロセスでは、需要と供給、両サイドのマネジメント層が意思決定をしやすくするために、いくつかのルールを設定することが有効になります。

①物的粒度

　扱うSKUが数千、数万以上のメーカーなどでは、S&OPでSKU単位の議論を行なうことは現実的ではないでしょう。一般的には多くても10、理想は4から6つ程度の単位で確認することが多いようです（Gattorna, Jhon, 2009）。

　この場合、SKUやブランドをまとめた、ファミリー単位での議論が必要となります。もちろん、企業によってブランド数やカテゴリー数は異なるため、適切な粒度はトップマネジメント層とのコミュニケーションの中で探っていく必要があります。

②対象期間

　理想的には1年以上先、つまり来期までを対象とします。ただ実際には、特に期の前半では、当期に議論が集中する傾向があります。

　ここで気をつけなければならないのは、短期的なトラブル、多くは品切れの対応にフォーカスしてしまうことです。事業の売上に大きなインパクトがあるSKUなら、トップマネジメント層に報告する必要はあると思いますが、基本的には需給調整でアジャイルに対応すべきです。

　また、中長期の需給ギャップについて意思決定するためには、1年以上先までの需要予測が必要になります。ITシステムの支援なく、これを毎月管理するのは現実的ではないでしょう。

③議論の内容

　S&OPプロセスで議論されるのは、KPIや以前に決めたアクションのレビューと、新たな需給リスクへの対応です。

　過去に想定した需給リスクがどうなったか、それに対して行なったアクションでどのような効果を生んだのかを振り返ります。S&OPプロセスでむずかしいのは、スタート時の設計だけでなく、継続的な運用もだといわれます。そのためS&OPの運用による成果は、その都度、参加者に報告することが有効です（Ramandeep Singh Manaise, 2021）。

　また、新たな需給リスクへの対策を決めます。新商品の発売頻度が多い企業では、それによって既存商品の需要も影響を受ける場合が多く、品切れや過剰在庫といった需給リスクが発生しやすくなります。新商品が世界的にヒットした場合などは、どの地域、アカウントに優先的に供給するかを決めなければならないでしょう。また、それが新たな市場を創造した場合などは、早期に供給キャパシティを増強することが有効です。

　理想的なS&OPとしては、さらに幅広い、より戦略的なテーマを議論することを目指します。たとえば、次のような内容です。

- 市場環境や顧客ニーズの変化を踏まえ、開発中の新商品の発売を早めるために、追加でリソースを投入する

- 新たに進出した市場で成功しはじめているかを確認し、早期に新しいアクションを決める
- オペレーションのミスの根本原因を把握し、組織としての改善アクションを決める

　ただし、こうした商品開発や新規事業に関するマネジメントは別の会議で議論されている場合も多くあります。S&OPを後から導入する場合は、まずは需給リスクにフォーカスするほうが進めやすいでしょう。

④組織風土・文化

　S&OPにフォーカスした海外の論文や書籍では、必ずといってよいほど、トップマネジメント層の関与の重要性が説かれています。特に組織としてS&OPを重視し、それにリソースを割くという姿勢が重要です。トップマネジメント層がS&OPを重視する結果、さまざまな部門のディレクター層も参加する意識が高まりますし、S&OPを推進する専属のチームも設計されるでしょう。S&OPを支援するシステムへの投資も同様です。

　つまり、S&OPで成果を生むさまざまな条件の起点は、トップマネジメント層の意識にあるといっても過言ではありません。

⑤運営

　S&OPのマスタースケジューラーは、需給に関連するデータを分析、整理し、ミーティングの前に配信することが有効です。限られた時間で適切な意思決定を行なうために、事前に情報を把握してもらう必要があるからです。

　また、S&OPミーティングで決められたことは、早期に議事録として配信します。S&OPは不確実な環境に対抗するアジャイルな意思決定を目指す仕組みです。プロアクティブに意思決定し、アジャイルに調整していくという意識を持って、推進しましょう。

図6-7　S&OPのルール

①物的粒度	ファミリーレベル（ブランドやカテゴリーの上位）で4〜6程度に集約するのが理想
②対象期間	1年以上先まで
③議論の内容	• 前月のKPIとアクションのレビュー • 市場変化と中長期の需給リスク評価、対策
④組織風土・文化	• トップマネジメントが責任を持って関与 • 社内の正式なプロセスとして推進 • 専属の運営、分析チームの設置
⑤運営	• 資料の2日前配信 • 決められたスケジュールとアジェンダ • 2日以内の議事録配信

デマンドレビュー

需要予測をマネジメント目線で精査する

需要予測と密接に関係する最初のステップ

S&OPプロセスにおいて、需要予測と密接に関係するのが、最初のステップである「デマンドレビュー（Demand Review）」です。これは、マーケティング、営業部門のインサイトを需要予測に反映し、コンセンサスを得る会議です。ここで合意された需要の計画は、コンセンサス・フォーキャスト（Consensus Forecast）などとも呼ばれます。

この計画の責任は、マーケティングや営業部門のマネジメント層が負う場合が多いです。しかし実際のオペレーションでは、SCM部門の需要予測マネジャーとマーケティング部門のブランドマネジャーに権限移譲される場合もあります。

ミクロ予測とマクロ予測

デマンドレビューで重要になるのが、ミクロ予測とマクロ予測という概念です（山口，2021）。これはグローバル標準の用語ではありませんが、デマンドレビューを効率的に進めるためには有効な概念です。

ミクロ予測とは、SKU別、または商品ファミリー別といった、細かな物的単位での需要予測です。デマンドプランナーは通常、この単位で需要予測を行ない、需給調整も同様です。

マクロ予測とは、より大きな単位での需要予測です。これは業界や企業によりますが、ブランド計やエリア計、営業部門が強い企業であれば、アカウント計といったものが考えられます。事業計画や予算はこうした単位で立案、管理されている場合が多いでしょう。

SKU別の需要予測、つまりミクロ予測の集計と、このマクロ予測を比較することで、多面的に需要予測を捉えることが可能になります。

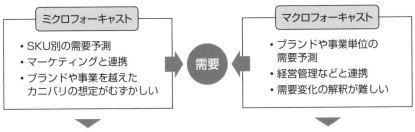

図6-8 ミクロ予測とマクロ予測

ミクロフォーキャスト	マクロフォーキャスト
・SKU別の需要予測 ・マーケティングと連携 ・ブランドや事業を越えた 　カニバリの想定がむずかしい	・ブランドや事業単位の 　需要予測 ・経営管理などと連携 ・需要変化の解釈が難しい

需要

生産調整・原材料調達
・輸配送計画など

事業計画評価
・中長期の売上計画立案など

これらはそれぞれにメリットとデメリットがあります。

ミクロ予測はマーケティングプロモーションと連動するため、マーケティング部門とのコミュニケーションで使われます。プロモーションの効果や、市場変化の影響度合いは、SKUごとに異なる場合が多いといえます。一方で、ミクロ予測ではブランドやビジネスユニットを越えたカニバリや、新商品と既存商品のカニバリを想定しにくいため、集計すると思ったよりも大きな数字になる傾向があります。

マクロ予測は、事業計画や予算と比較しやすいため、財務や経営管理部門とのコミュニケーションに用いられます。この単位だと市場規模やマクロトレンドなども考慮しやすく、全体として数字が大きくなりにくい傾向があります。しかし、ブランド、ビジネスユニット内で需要の増減が相殺されるため、需要変化の解釈はむずかしくなります。またSKU別に落としこむと誤差が発生するため、需給調整には使いづらいものです。

そのため、これら2種類の需要予測を比較、解釈することが有効になるのです。デマンドレビューでは、ミクロ予測とマクロ予測、さらに事業計画という、少なくとも3つの数字を比較し、市場や顧客心理の変化を多面的に解釈する必要があります。

この解釈のためには、コンシューマー・プロモーションを担うマーケティング部門、新商品の開発で新たな価値創造を目指す商品開発部門、顧客と直接コミュニケーションをとって、心理の変化を把握している営業部門、

過去の需要データを分析し、定量的に市場や顧客を解釈しているSCM部門のデマンドプランナーなどが協同すべきです。

デマンドレビューの手順

デマンドレビューは、次の2つのステップで行ないます。

①予測パフォーマンスのレビュー

まずは直近までの予測精度を確認します。ここから市場の変化を読み取ることができます。このとき、コミュニケーションの相手によって、予測精度の提示のしかたを工夫します。

たとえば、ブランドマネジャーに提示するのであれば、そのブランドにおけるカテゴリー別、ライン別といった集計で予測精度を算出するのがよいでしょう。それによって、どのカテゴリーやラインで計画と実績が乖離しているのかを定量的に把握することができるからです。

また、ビジネスユニットのマネジメント層へ提示するのであれば、ビジネスユニット内のブランド別で算出するのがよいです。

ここで重要となるのが、S&OPマスターは、複数のブランドやビジネスユニット、地域などを横断で予測精度の推移を把握しておくことです。それにより、市場や顧客心理の変化をより適切に想像することが可能になります。ブランドマネジャーやビジネスユニットのマネジメント層に対し、他のブランド、ビジネスユニットの状況も踏まえたうえでの解釈を提供することが、他にはない価値を生むことになります。

5章で説明した通り、予測精度のメトリクスにはさまざまなものがあり、特徴も異なるため、S&OPマスターはその知識も必須といえます。これらをわかりやすく説明できることも、需要予測の重要なスキルとなるでしょう。

②マクロ予測

予測パフォーマンスのレビューによって、市場や顧客の直近の変化を想定したうえで、需要予測を解釈していきます。ここで、主に3つの要素に

ついて確認します。

　1つめは、自社要因です。代表的な例は新商品の発売です。これにより
ブランド全体や既存商品がどのような影響を受けるのかを、過去データの
分析も踏まえてレビューします。4章で述べた通り、新商品には目標とし
ての側面があり、期待も高いことから、ストレッチした計画になっている
場合が多くあります。これが過剰在庫リスクになるため、マクロ予測の視
点での評価が有効になります。

　2つめは、市場、競合要因です。競合のプロモーション情報について、
事前に詳細を入手することはむずかしいでしょう。しかし、直近で顧客が
どう評価しているかは、インターネット上のさまざまなソースから入手す
ることが可能です。調査会社から情報を購入している企業も多いはずであ
り、定性的かつ多面的に評価、議論することが重要です。

　3つめは、各種計画、予測との比較です。マクロ視点での需要のトレン
ドや季節性、事業計画などと、ミクロ予測の集計を比べます。このとき、
コンセンサス・フォーキャストだけでなく、統計予測も比較対象としてあ
るとよいでしょう。こうしたマクロ予測を踏まえ、必要に応じて、ミクロ
予測の修正に連携します。これは各デマンドプランナーの業務となります。

　これらが整理された資料は「デマンドブリーフ（Demand Planning
Brief）」と呼ばれます（Chase, Charles W, 2016）。デマンドプランナーは
SKU別の需要予測を担うだけでなく、担当ブランド、カテゴリーについ
ては、次の3つの役割も担います。

①予測精度を解釈し
②中長期の変動リスクを想定して
③事業計画との乖離の調整を目的に、デマンドブリーフを整理、発信する

　S&OPマスターはブランドやカテゴリーを横断し、ビジネスユニットや
エリア全体でのデマンドブリーフを作成できるスキルが必要になります。
この意味では、S&OPを推進するために需要予測のスキルが必要になると
考えられます。

図6-9　デマンドレビュー

1. 予測パフォーマンスレビュー

2. マクロフォーキャスト

デマンドプランナーによる
SKU別需要予測のリバイス

・予測精度やバイアスの確認
・予測誤差の要因分析と
　その影響の継続性の想定

①自社要因
・先行の新商品発売と需要変動リスクの想定
・既存商品とのカニバリ予測の確認

②市場、競合要因
・直近の市場環境変化とその継続性評価
・競合のプロモーションの影響想定

③各種計画との比較、妥当性評価
・過去の季節性や直近のトレンドとの比較
・予算、事業計画との比較
・統計予測とデマンドプランの比較

6-5 S&OP実践のむずかしさ

トップの理解・専属チーム・システム支援

S&OPの6つのチェックポイント

S&OPがうまく回り出すと、1つの結果として、マーケティング戦略とSCMが連携するようになります。SCMにおける需要予測を、マーケティング、営業部門の売上計画と連動させ、中期的な売上の見通しを立てることができます。それに環境変化を織り込んで複数のシナリオを想定し、トップレベルのマネジメントを行ないます。

振り返りを通じた知見蓄積を行ないながら、定期的に繰り返していくことで、不確実性の高い環境下でも素早い意思決定を行なっていくことができます。しかし、現実に行なっていくことは容易ではありません。

S&OPで成果を出すには、ある程度の時間がかかります。そのため、進めているS&OPが正しいのかを確認するには、フレームワークの活用が有効です。セント・ジョーンズ大学のChaman L, Jainは、実務家への調査から次の6ポイントを提唱しています（Chaman L, Jain, 2016）。

①トップマネジメントの支援
②機能横断のコラボレーション
③ワンナンバー・フォーキャスト
④メトリクスを使った需要予測のパフォーマンス評価
⑤需要予測に活用しているデータ
⑥S&OPを支援するシステム

S&OPを運用できていると回答した企業では、明らかにトップマネジメント層の支援がありました。これは当然のことで、S&OPは最終的に経営

層の意思決定プロセスだからです。一方で、IBFの調査によると、S&OP
への理解を深める教育プログラムは23％程度しか実施されていないそうで
す。S&OPを目指す企業にとって、業界共通の課題といえるでしょう。

　S&OPには、需要予測の他に、供給制約に関する情報や予算、コストの
見通しといった情報などが必要です。そのため、さまざまな部門が専門性
を発揮し、協同しなければなりません。

　Chamanがいうワンナンバーとは、数字そのものというより、その考え
方の前提というニュアンスです。たとえば、SCM部門とマーケティング
部門で、市場環境の見通しや社内の大型プロモーションの実施時期や投資
規模は、同じ認識である必要があります。こうした前提をそろえたうえで、
それぞれのロジックで需要予測や販売計画を立案することは、レンジ・フ
ォーキャストを作成するために必要です。ちなみに、北米を中心とした
664名の実務家を対象とした同調査では、S&OPを導入している企業とそ
うでない企業で、ワンナンバーの活用についてはほとんど差がなく、54〜
58％でした。

　この後で説明しますが、S&OPのプロセスではKPIのレビューがあります。
S&OPでレビューするKPIは、予測精度や在庫回転日数、市場におけるシ
ェアなどです。S&OPを実施している企業では、予測精度を測るKPIを設
定している割合が高いものの、約20％は特定の指標がないというIBFの調
査結果もあります。5章-1で紹介した私の調査でも、需要予測を重視して
いる企業でさえ33％（n＝150）であり、この点では日本はさらに改善の
余地があるといえそうです。

　S&OPの土台ともいえる需要予測に、どの流通段階のデータを活用して
いるかも重要なチェックポイントです。理想は、最終消費者の購買データ
であるPOSデータです。POSデータで実際の需要を把握できている企業の
予測精度は、誤差率で3〜5％よいという調査結果があります（Chaman
L, Jain, 2018）。ただ、POSを活用できている企業は約3分の1という結果
でした。

　最後のシステム支援については、次の実務で感じるハードルと合わせて
説明します。これもIBFの調査によると、エクセルだけで運用している企

業はわずか6～8％です。

　自社で進めているS&OPは、これら6つの観点で一度、チェックされることをおすすめします。より詳細なチェック項目やレベル感については、6章-5で私が日本語で整理したリストを提示します。

実務で感じる3つのハードル

　私は実務の中でS&OPを担ってきましたが、その中で次の3つのむずかしさを感じました。

①中長期の市場環境変化の予測
②シナリオ分析やシミュレーション
③S&OPミーティングの設計と運営

　これらについて、順番に説明していきます。

図6-10　S&OP実践のむずかしさ

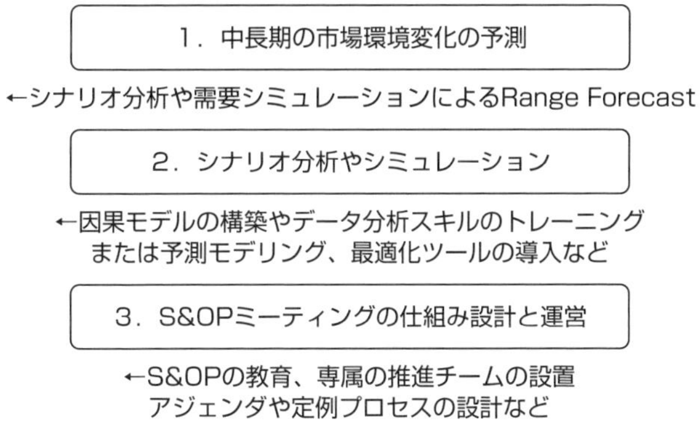

１．中長期の市場環境変化の予測

←シナリオ分析や需要シミュレーションによるRange Forecast

２．シナリオ分析やシミュレーション

←因果モデルの構築やデータ分析スキルのトレーニング
　または予測モデリング、最適化ツールの導入など

３．S&OPミーティングの仕組み設計と運営

←S&OPの教育、専属の推進チームの設置
　アジェンダや定例プロセスの設計など

中長期の予測精度

　S&OPでは1年～1年半という、中期のスパンで需要の計画をモニタリングしていきます。一方で、マーケティングや営業部門が詳細な計画を考

えているのは、次の半期までであることが多いと感じます。そのため、具体的な議論ができるのは、長くても１年弱になります。

　マーケティング計画や営業部門に明確な販売意思がなければ、統計学を使った需要予測になります。これは過去を数学的に確からしく延長するという考え方のため、マーケティング計画によって大きくはずれる可能性があります。特に新商品の売上構成比が大きい業界においては、マーケティング計画を加味できていない需要予測に頼るのは非常に危険です。

　実際に、中長期の需要予測は短期と比較し、精度がよくない傾向があります。私の分析データでは、SKU別の予測誤差率は、対象月が１か月先になるごとに２％程度悪化します。２、３か月後の需要に対する誤差率が25％程度だった場合、半年後の予測誤差率は30〜35％程度、１年後は40％程度になります。

　IBFによる146社の調査でも、さまざまな業界の平均は、１か月先で27％、２か月先で30％、３か月先で31％、１年先で38％と、私の分析と同程度の悪化傾向を示しています（Chaman L, Jain, 2014）。そこで中長期の需要予測では、４章-9で説明したレンジ・フォーキャストが重要になります。４章ではマーケティング計画が決まる前の需要予測における例でしたが、７章-2で改めて、シナリオ分析の具体的手法として説明します。

▌シミュレーション

　中長期の需給ギャップに対し、トップマネジメント層の意思決定を仰ぐためには、複数のシナリオを描く必要があります。しかし、不確実性の高い環境下では、簡単なことではありません。SCM においては、次のようなさまざまな視点で中長期的な見通しを立ててください。

・どんな特徴を持つ商品の需要がどう変わるのか
・生産のためのキャパシティに大きな過不足は発生しないか
・原材料についてもキャパシティに大きな過不足が発生しないか
・ドライバーの数含め、輸送キャパシティは確保しつづけられるのか

S&OPはローリングで実施するものであることから、実務部隊はかなりの時間を使うことになります。そこで、データ分析やシミュレーション、最適化計算などを支援するシステムや、S&OP専属の部隊が必要になるといわれています。

S&OPミーティングの設計と運営

これからS&OPを始める企業においては、そのプロセスの設計と運用も肝心です。理論的フレームワークを学び、それに沿ってプロセスや内容を設計します。その際には企業ごとのビジネスモデル（商材やSKU数、取引先など）やロジスティクス構造、組織体制などに合わせてアレンジすることが必須となります。

また、トップマネジメント層の意思決定を仰ぐためには、データ分析を伴う準備が必要です。また、それをわかりやすく整理し、S&OPミーティングをファシリテートします。つまり、専門的なスキルを持つ人物がS&OP専属マネジャーとして運営する必要があるのです。

おそらく、すでにできあがっているS&OPプロセスを経験したことがある実務家は、世の中に一定数いるでしょう。しかし、一からそれを設計した経験がある方は、それほど多くないようです。

海外でも、S&OPを自信を持って運営できていると回答した企業がわずか25％程度であったことも、この3つのハードルと無関係ではないでしょう。S&OPで成果を出すためには、概念を正しく把握したうえで、次のようなチャレンジをしなければなりません。

- 需要予測の精度を可能な限り高め、かつレンジ・フォーキャストを立案できるようにモデルを整備する
- シナリオ分析のための需給シミュレーション支援システムを導入する
- S&OPの専門知識を持った専属マネジャーが、自社に合ったプロセスや内容を設計し、運営をファシリテートする

S&OPチェックリスト

ヴァンガードクラスを目指すために

S&OPで経営的な成果を生むためのチェックポイント

　本章ではS&OPの概念やプロセス、ルールの理論的フレームワークを説明し、実践における解釈とポイントを述べてきました。おそらく、みなさまもお気づきの通り、S&OPにはすべての業界や企業で統一した正解があるわけではありません。企業ごとのビジネスモデルや戦略によって最適な設計は異なるはずです。海外でも、サプライチェーンのタイプによって、S&OPの適切な設計を分けて整理している例もあります（Gattorna. John, 2009）。

　しかし、S&OPで経営的な成果を生むためにチェックすべきポイントには多くの共通点があるのも事実です。図の6-11に、6つの軸で高度なS&OPの状態を整理したので、実務で設計する際に参考にしてみてください。

図6-11　S&OPチェックリスト

組織文化	・戦略がトップダウンのみ ・縦割り構造 ・トップのS&OP知識、関心不足	⇔	・S&OPの戦略立案への関与 ・各機能が効率的にコラボレーション ・S&OP知識の教育プログラムあり
参加者内容	・S&OP推進者が他機能と兼務 ・過去の振り返り重視 ・短期のトラブル対応が主	⇔	・専門知識を持った専属チームが推進 ・役員レベルが責任を持って関与 ・1年以上先の機会、リスクを議論
意思決定	・需要や供給計画単独での意思決定 ・財務機能と非連携 ・会議は不定期開催	⇔	・事業戦略、経営管理と連携 ・CEOに向けたマンスリーの会議あり ・シナリオ分析による機会、リスク評価
需給計画	・販売計画単独でのレビュー ・供給制約単独でのレビュー ・他機能の業務サイクルと非連動	⇔	・"幅を持った"需要計画の合意 ・需要計画と供給制約のギャップ認識 ・様々な業務サイクルと連動
評価指標メトリクス	予測精度や 在庫金額	⇔ トータルSCコスト 生涯顧客価値 予測付加価値 ⇔	市場シェア キャッシュフロー EBITDA
データ分析	・売上などERPにある時系列データ ・エクセルなどでの人手管理 ・現状の記述が主	⇔	・SCを可視化するリアルタイムデータ ・予測モデリング、最適化ツール ・シナリオ分析、シミュレーション志向

　これは、IBFのS&OPの成熟度評価のフレームワークを参考にしています。ただ、軸の数は私の実務経験から集約し、シンプルにしていますし、レベル感もより実務に即してわかりやすいように表現しています。右側が理想的な状態です。

　基本的にはここまで述べてきた内容と重なりますが、一部、補足します。組織文化において、トップマネジメント層の関与や機能横断のコラボレーションが必要なことは、すでに理解いただけたと思います。そこで重要になるのが、社内の教育体制です。トップマネジメント層含め、S&OPについてはきちんと学ぶ必要があるということです。ただし、その仕組みを設計するのは容易ではないでしょう。

　理想的には、中長期の需給リスクへの対策だけでなく、SCM観点でどう事業戦略の実現を支援するかも議論することを目指します（Neil James, 2019）。そのためには企業がどの**領域で競争優位の獲得を目指す**のかを、SCM部門やS&OP推進機能が把握する必要があります。そこで、たとえばコスト、商品やサービスの差別化など、何を競争力のドライバーとするのかも認識していなければなりません。これらを踏まえることで、製造原価や供給リードタイムといったSCMの観点での競争優位を考えることができます。

図6-12　S&OPにおける戦略議論

1．どの領域で競争優位を目指すか

売上や利益だけではない戦略的観点からの注力領域を知る

2．競争力のキードライバーはなにか

注力領域においてどんな競争優位を目指すのかを知る

3．SCMとしてどう戦略を支援するか

獲得を目指す競争優位に合わせたSCM戦略を立案する

需給バランスの調整だけでなく、事業の戦略的な目標を支援する

意思決定で有効になるのが、シナリオ分析です。これについては4章と7章で具体的な手法を説明していますが、不確実な環境下では、1つの数字を信頼しすぎるのは危険です。そこで、複数の数字による“幅を持った”需要予測が有効になります。需要そのものではなく、需要変動を予測しているともいえます。

　これを可能にするためには、需要のシミュレーションができなければなりません。そのためには、2章や4章で紹介したような、需要の因果モデルが必要になります。因果モデルは単に需要予測の1モデルという役割にとどまらず、需要シミュレーションやAIの特徴量づくり（8章参照）といった、より高い価値を生むプロセスにも有効活用できるものです。このあたりについて触れている書籍はほとんどないので、本書で因果モデルの新たな活用法を把握してください。

　S&OPの評価指標は、予測精度や在庫金額（回転率）などだけでは不十分といわれています。生涯顧客価値や5章で説明した予測付加価値、さらには市場シェアやキャッシュフローといった財務、経営管理的な指標のレビューも目指すべきです。

　ただし、右端のレベル感はかなり高いです。最初からここを目指すのではなく、トップマネジメント層とのコミュニケーションを通じ、徐々にS&OPプロセスを進化させていくのがよいでしょう。

参考ウェブサイト：Institute of Business Forecasting and Planning. "S&OP Maturity Self-Assessment".
https://ibf.org/sop-maturity-model（2021-5-1参照）

6-7　S&OPの限界

1年半では対応がむずかしいこともある

S&OPでできること

　S&OPにおけるシミュレーションは、フォーキャスト志向でつくられる傾向があります。SKUレベルでの需要予測をベースに、ブランドやカテゴリごとなどのマーケティング計画を加味し、それをカンパニーやビジネスユニットで統合していく、という積み上げ型です。この意味で、私は「フォーキャスト型S&OP」と捉えています。

　このフォーキャスト型S&OPの対象期間が1年～1年半程度であることから、対応できることは限られていると感じます。

　たとえば、革新的な技術（IoTや自動運転車、AIなど）を使った設備の導入や工場の新設といった大きな投資を行なう場合は、1年半では対応できないでしょう。もちろん業界によっても、かかる時間が大きく異なります。ただ、S&OP にはこうした対応の限界があることを認識しておくことも必要です。

バックキャスト志向の事業計画分解

　では、S&OPで対応できない、数年単位の時間がかかる大型投資は、何を根拠に検討すべきなのでしょうか。APICSで整理されているところによると、ビジネスプランであり、長期の事業計画といえるでしょう。

　需要予測をベースとしたフォーキャスト型の積み上げ計画ではなく、企業として描く成長戦略からバックキャストで考える、目標としての計画です。事業計画は多くの場合、ビジネスユニットやブランド、エリアなどにブレイクダウンできる状態になっていると思いますが、生産軸で分解できるようになっているでしょうか。たとえば、"どの工場で生産する商品がどれだけ伸長する計画なのか"、"どの原材料を使用する商品がどれだけ伸

長する計画なのか" といった軸でブレイクダウンできないと、商品の供給キャパシティを正しく検討することはむずかしいといえます。

これは古典的なS&OPとは、上記の2点で異なるものだと感じています。

- 販売計画（Sales）と事業戦略
- 生産計画（Operation Planning）と供給能力への大型投資

図6-13は、古典的なS&OPのこれらの問題を踏まえ、別概念としてBusiness strategy & Supply Capacityを整理しましたが、近年ではS&OPを拡大解釈する動きもあります。重要なのは自社にとってどんなS&OPが必要かを整理し、本書で解説してきた過去のフレームワークをアレンジすることだと考えています。

S&OPを導入し、うまく運用できたとしても、長期の需給ギャップを含めて対応できるわけではありません。自社のビジネス環境や戦略を踏まえたうえでS&OPで何を目指すのかは、関係者で事前に認識しておくべきといえます。

図6-13 S&OPとBusiness strategy & Supply Capacity

－	S&OP	Business Strategy & Supply Capacity
目的	販売計画を満たす 商品供給	成長戦略を支える 供給キャパシティの確保
対象期間	1年〜1年半	2〜5年程度
対象計画	販売計画・生産計画	事業戦略・生産調達キャパシティ ・輸配送キャパシティ
手法	需要予測ベースの 販売計画の積み上げ	SCM視点からの 事業計画のブレイクダウン
主管機能	経営管理・SCM・ マーケティング・営業	経営戦略・SCM
できること	製造ライン増設 追加・代替サプライヤー選定 生産時期の平準化 発売時期の調整 製造・輸配送人員の増強 SKUマネジメント	IoTや自動運転、AIなどの新技術導入 工場の新設（他社への投資含む） 物流センターの新設・新規契約 原材料調達の内製化

超長期の製造リードタイム【サントリースピリッツの事例】

2018年5月16日の日本経済新聞・朝刊に、サントリースピリッツの「白州12年」と「響17年」というウイスキーが2018年6月以降、販売休止となることが掲載されました。理由は、インバウンド人気もあって10年でウイスキー市場が2倍になり、原酒の供給が追いつかなくなったことです。

ここである疑問がわきます。10年かけて市場が拡大したのであれば、途中で需要予測を上げ、供給能力の増強を図るのではないか、ということです。

私が所属していた化粧品メーカーも、2015年からインバウンド需要の急激な拡大によって供給能力が逼迫しました。需要予測はデータを分析し、2015年半ばにはかなり上げていましたが、工場の新設や生産ラインの増強には時間がかかり、供給が安定するまでには数年以上かかりました。

しかし、10年経っての販売休止は想像を越えます。この理由は、製造リードタイムにありました。

記事に明記はされていませんでしたが、各種ウイスキーの原酒の製造には非常に長い時間がかかるそうです。実際、「白州12年」は2021年の3月に再発売していますが、数量限定ということで3年近く経っても安定供給には戻っていません。

原酒は複数のウイスキーに使われているようで、他のウイスキーへ使用するため、これらの種類は販売休止とされたようです。これは原材料のアロケーションです。

原材料や生産ラインなど、供給に制約がある場合は、どの商品を優先するかを決めなければなりません。売上や利益だけでなく、プロダクトポートフォリオやブランド戦略なども踏まえ、意思決定する必要があります。ブランド単独ではなく、全社的な判断になるため、まさにS&OPで検討するのにふさわしいテーマといえるでしょう。

しかし、S&OPでも製造リードタイムを大きく超える時間が必要なアクションには対応できません。このサントリースピリッツ社の事例も、S&OPの限界を示しているといえます。

SKUマネジメントが進まない理由

　単独の部門での意思決定がむずかしいことの1つにSKUマネジメントがあります。SKUマネジメントとは、新商品の発売と同時に販売をやめる商品を戦略的に決めていくという、SKU数の管理を指します。

　すでに市場に出ている商品の販売をやめるというのは、売上が減ることにつながります。その商品を購入していた消費者全員が、代わりに同じブランド、メーカーのものを購入するようになるということは、まずないでしょう。そのため、販売するSKU数の削減は、非常に取り組まれにくいと考えられます。実際、さまざまな業界のSCM部門の実務家は、SKUマネジメントに対する不満を抱えています。

　では、なぜSCM部門の関係者はSKUマネジメントが必要だと感じているのでしょうか？　それは、SKUが増えるほど、その単純な増加以上に、管理する項目数が増えるからです。1SKUに対し、それを構成する原材料、調達元である複数のサプライヤー、輸送経路、生産工程など、管理する項目はたくさんあります。SCMのパフォーマンスは、管理する能力と管理する難易度で決まるといわれますが、管理する難易度はSKU数に比例します。

　売上減少というわかりやすい数字と、管理する負荷の増加やそれによるSCMパフォーマンスの低下といった、単純ではないコストやリスクの比較は非常にむずかしいといえます。そのため、これを踏まえた意思決定はスムーズには進みません。

　このトレードオフのある意思決定は、単独の部門で行なうことはむずかしく、S&OPのテーマとして適したものです。商品配置の合理化（Product Rationalization）は、海外でもS&OPの中で進めるべきだと述べられていて（Pat Bower, 2021）、SKUマネジメントに関わる商品ポートフォリオ管理をS&OPプロセスに含める（デマンドレビューの前）という考え方も提唱されています。

トップダウンによるSKUマネジメント【アップルの事例】

　1章でも少し紹介しましたが、金沢工業大学の上野教授は、2000年以降のアップル社の急激な業績伸長には、思い切ったSKUマネジメントも貢献していたと分析しています。

　アップル社は当時、7割の商品を削減し、2016年時点でも20強の商品しか展開していません。競合と比較して圧倒的に少ないSKU数に抑えていることで、次の競争優位性を実現しています。

- 1SKUあたりにかけられるR&D費用が多い（イノベーションを生む確率が上がる）
- 1部品あたりの単価が低い
- 販売管理費が競合の1／2〜1／3

　2つめの「1部品あたりの購入費が少ない」ということについて補足します。SKU数を増やすと、同ブランド内や同企業内のカニバリゼーションが発生する可能性が高く、それによって1SKUあたりの売上規模は小さくなる傾向があります。つまり、逆に考えると、SKU数を抑えることで1SKUあたりの売上規模が大きくなるということです。結果、それに使われている部品の購入規模が大きくなり、単価が下がります。

　アップル社でこの大胆な意思決定を主導したのは、当時COO（Chief Operating Officer：最高執行責任者）であったティム・クックです。マーケティングやR&D、SCMなど、複数の機能を横断する意思決定であったため、COOの強力なリーダーシップが重要になったのです。この大規模な商品数削減というSKUマネジメントによって利益を増やし、それがアップル社のイノベーションを支えてきたと考えられます。

　アップル社の事例では、S&OPとは書かれていませんでしたが、COO個人のリーダーシップに依存するのではなく、仕組みとして実行できるようにするのがS&OPといえるでしょう。

需給インテリジェンス機能

需給情報の収集と分析に基づく示唆の発信

S&OPを運営するインテリジェンスチーム

S&OPの運営で重要になるのは、事前の情報整理です。必要な情報を収集し、それを適切に分析することで、価値ある示唆を生み出すことができます。これをトップマネジメント層へ提示することで、正しい意思決定ができるのです。

つまり、S&OPを運営するチームは、需給のインテリジェンス機能を目指すべきです。インテリジェンスとは、情報の収集と分析を担う機能です。

もともと需要予測とは、マーケティングや営業といった需要サイドと、SCMやロジスティクスといった供給サイドの間に位置するストラクチャルホール（Ronald S. Burt, 2004）です。これは異なる機能、ミッション、スキルなどを持つ組織間にあるポジションのことで、情報の差を利用して新たな価値を創造できるという経営学の知見です。需要予測は、顧客や市場の情報と、生産や物流に関する情報が集まってくる要衝であり、それらを合わせて分析することで他の機能ではできない示唆を生み出せるわけです。

情報の収集と分析は、それぞれスキルが必要であり、かつ互いに関連し合います。どんな情報を収集すべきかは、解決したい課題を分析することで得られます。一方で、収集した情報に対し、どんな分析をすることで価値ある示唆を抽出できるかを考えるスキルも必要になります。

つまり、課題を意識しながら、情報の収集と分析で思考を行き来させることが求められるのです。

需給のインテリジェンス機能に必要な要素

①需給情報収集のプロセス

　自社商品の売上だけでなく、顧客や市場、マーケティングに関する情報が定期的に集まってくるプロセスを設計します。こういった情報は、社内のそれぞれの専門部署が持っているので、次のポイントを整理し、管理しておくことが有効です。

- 需要予測、分析のためにはどんな情報が必要か
- その情報はどの部門にあるのか

　私は（需要予測の）エビデンスマップなどと呼んでいますが、マーケティングや商品開発、市場情報を担当する部門だけでなく、研究所や消費者からの問い合わせ窓口などが持つ情報にもアンテナをめぐらせることで、新しい価値が生まれます。

　同様に、最終商品だけでなく、仕掛品や原材料の在庫、生産やロジスティクス上の制約、外部委託や海外工場の生産計画などの情報も、定期的に集まってくるようにプロセスを設計しておくとよいです。

②需給情報分析の支援ツール

　扱うSKU数が多く、また消費者や競合に関する情報なども収集できる企業では、情報量が膨大になります。需要予測が先進的な企業ほど、質的なデータも収集している傾向があり、分析データが多くなります。

　膨大なデータをハンドリングし、分析するためには、支援ツールの導入が有効です。代表例はAIですが、Stataなどの統計分析ツールも役立ちます。

③需給情報の分析スキル

　デマンドプランナーに必要なスキルについては2章-8で紹介しましたが、加えて収集した情報を整理し、解釈するスキルが重要になります。統計学

やオペレーションズリサーチ、AIなどはあくまでも情報を整理するためのものです。これを適切に解釈するためにはビジネス経験が欠かせません。また、経営学の研究知見なども知っておくとよいでしょう。

　需給情報収集のプロセス、分析ツールとスキルを整備することで、S&OPをリードする需給インテリジェンス機能が設計できるようになります。

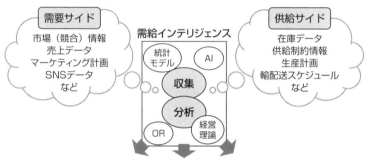

図6-14　需給のインテリジェンス機能

コラム **6**

需要予測に基づくプロアクティブ予算管理

　6章で紹介したマクロ予測は、S&OPだけでなく、予算管理にも新たな価値を提供することができます。

　需要予測と予算は別物です。これはグローバル共通の認識です。需要予測は目標ではなく、最新のデータの分析に基づく見通しです。直近までのデータを基にするため、アジャイルに更新されるべきものです。一方で予算はある程度の期間、固定される目標です。

　そのため需要予測は、予算に対するカウンターの数字として有効活用できます。この考え方について私は、需要予測のビジネス講座や企業講演を通じて多くの業界の実務家と議論しました。すでに行なっているという事例は聞かなかったものの、納得いただけたものです。

　具体的には、予算の管理単位に合わせたマクロ予測を、毎月、提示します。私の経験では、マーケティング部門のブランドマネジャーに対し、ブランドごとのマクロ予測を提示していました。

　これにより、次の点を把握することができるため、四半期の実績が確定するまで待たなくても、早期のマーケティングアクション変更を促します。

・どのカテゴリーで予算達成がむずかしい見通しなのか
・それは定量的にいくらなのか

　これは「データ・ドリブン・マーケティング」で有名なノースウェスタン大学のマーク・ジェフリー教授が「アジャイル・マーケティング（Agile Marketing）」と呼んでいる概念に近いかもしれません。リアルタイムまでいかなくても、「ニアタイム」データを使うことで、アジャイルにマーケティングアクションを調整するというものです。

　マクロ予測の強みは、ミクロ予測からも解釈されていることです。つまり、予算達成がむずかしいカテゴリーやブランドラインに対し、その中の主力SKUの需要予測までブレイクダウンできます。

実際、2020年の新型コロナウイルス感染拡大によるブランドごとへの影響を、需要予測は予算よりも早期に表現することができました。なぜなら、たとえば口紅とアイシャドウでは、マスクの使用による需要への影響は大きく異なり、さらに質的な特徴（マットタイプはマスクに付きにくいなど）によって、SKUごとにも異なったからです。ミクロ予測はこうしたSKUごとの事情を反映します。

　もちろん、緊急事態宣言の延長や第２、３波の到来などの予測は困難です。しかし、アジャイルにSKU別の環境変化影響を加味できる需要予測は、プロアクティブな予算管理を可能にするといえるでしょう。

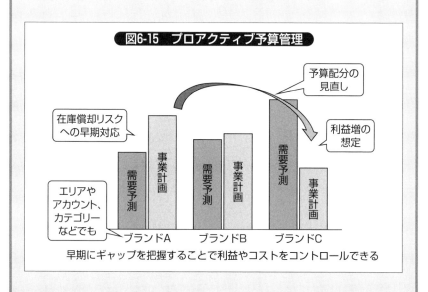

図6-15　プロアクティブ予算管理

予算配分の見直し

在庫償却リスクへの早期対応

利益増の想定

エリアやアカウント、カテゴリーなどでも

需要予測　事業計画　　需要予測　事業計画　　需要予測　事業計画

ブランドA　　　ブランドB　　　ブランドC

早期にギャップを把握することで利益やコストをコントロールできる

第 **7** 章

需要シミュレーションの
２つの価値

技術の進化を背景に、多様なデータのセンシングや高度な
分析ツールのビジネス活用が進んでいます。これにより、
１つの最も起こりそうな未来を予測するだけでは、需要予
測が競争優位性の獲得に貢献することがむずかしくなって
います。

起こらなかった過去、起こりうる複数の未来を予測するこ
とが、新たな価値をマーケティングや経営に提供します。
これを可能にする２種類の需要シミュレーションについて
学びましょう。

2種類の需要シミュレーション

起こりうる未来と起こらなかった過去を予測する

起こりうる複数の未来を予測する

　需要予測は未来における1つの数字を予測するだけではありません。未来における複数の数字や起こらなかった過去も予測することが可能です。これにより、従来からフォーカスされてきた在庫管理、6章でくわしく述べたS&OPのためだけではない、新しい2つの価値を提供することができます。

　1つは、不確実な未来に対し、複数のシナリオにおける需要を予測することです。これにより、すでに何度か登場したレンジ・フォーキャストを提示することができます。

　よくあるのが、気象条件のシナリオ分析です。『ニュートン式超図解最強に面白い!!　天気』(荒木健太郎著　NEWTON PRESS　2020)によると、 先行数週間の天気は、かなり高い精度で予測されています。1930年代にはじまった気球での大気観測から、最近では気象レーダーや気象衛星などによって気圧、気温、風速、水蒸気の量など、気象に影響するさまざまな要素を観測できるようになりました。これを、予測モデルを組み込んだスーパーコンピューターが解析し、プロの予報士がその解釈をわかりやすく伝えています。この一連の流れは需要予測にそっくりです。

　しかし、それでも半年や1年先の気象を予測するのは簡単ではありません。そこで、気象条件が重要になる日焼け止めやビールなどの中長期の需要予測では、シナリオ分析をすることがあります。猛暑、冷夏、平年並みといったシナリオに合わせ、複数の需要を予測するのです。

　これには因果モデルの活用が有効です。この後で説明しますが、不確実性の高い要素があっても、こうした複数のシナリオを想定することで、需要変動の幅を可視化できます。どれくらいの確率でどの程度の需要変動が

起こるかがまったくわからない「不確実な状況」を、確率で需要変動の幅を可視化した「リスク」へ変換するといえるでしょう。

　もう1つは、起こらなかった過去を予測することで、実際に起こったイベントの需要への影響度を試算するための需要予測です。

　たとえば、ある商品のプロモーションのために著名なインフルエンサーを起用したライブストリーミングを行なったとします。これにより、売上をアップすることができました。この効果を定量的に把握するには、ライブストリーミングがなかった場合の需要を予測し、実績との差を測定する必要があります。

　プロモーション直前の売上と比較して効果測定するケースもありますが、これは正確ではありません。なぜなら時期が異なると、季節性の差があるかもしれず、トレンドによって水準が変化している可能性もあるからです。マーケティングの投資対効果を把握するには、こうした過去の需要予測が有効です。

　また、コロナ禍緊急事態宣言の発令による小売店休業の影響といった、外部要因の影響度試算にも活用できます。これも直前や前年の実績と比較するのは正確ではなく、需要であれば、季節性やトレンドを考慮すべきであり、緊急事態宣言が発令されなかった場合を予測すべきといえます。これは次のような式で試算します。

「条件Ａの影響」＝「過去の実績」－「条件Ａがなかった場合の需要予測」

　私はこれを「仮想的需要予測」と呼んでいます。
　需要に影響するイベントは、これら以外にも多数あります。たとえば、次のようなものです。

- テレビCMなどの宣伝投入
- 供給数量が決まった限定品の発売
- 類似性の高い商品の発売

・品切れ

　これらは多くの消費財業界で起こりうるイベントなので、本章で試算例を示していきます。

　もちろん、過去を予測するとはいえ、完璧にはできません。そのため、可能な限り精緻に見込むことを目標に、需要をシミュレーションするという認識で行ないます。

　得られた効果や影響度は、需要予測のナレッジとして以降の予測に活用できるようになります。つまり、需要シミュレーションがナレッジを創出します。

図7-1　2種類の需要シミュレーション

1. 未来の不確実な条件

シナリオ別の需要を予測
⇒需要の変動幅を想定（Range Forecast）

2. 起こらなかった過去の条件

イベントの需要への影響度を予測
⇒知見の創出（Knowledge Management）

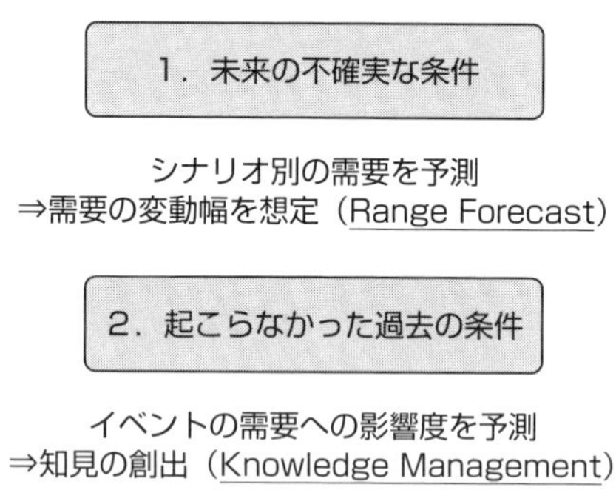

7-2 シナリオ分析のための需要予測

因果モデルによる不確実性のリスク変換

因果モデルに不確実性変数を入れる

　ここでは、複数の未来を予測するシナリオ分析のための需要予測について説明します。ここで役立つのが因果モデルです。需要の因果関係を想定して、モデル式には原因となる要素とその影響度を設定します。たとえば図7-2のように、要素が3種類あり、さらに要素AとBは独立ではなく、交差項で表現しているとします。独立ではない要素の例としては、気象条件と野外イベントの開催数などを想像していただくとよいでしょう。

　これらの影響要素は消費者の購買行動の背景を熟知したプロフェッショナルが想定し、影響度は大量のデータを使った回帰分析や、知見を踏まえた有識者の判断で推定します。

　こうした因果モデルを設計できていると、気象といった不確実性の高い条件について、少なくとも3つのシナリオを想定し、需要を予測すること

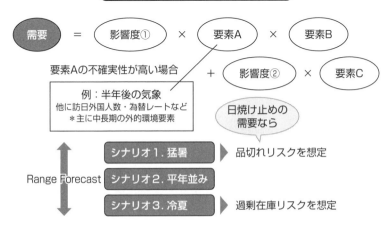

図7-2　需要予測のシナリオ分析

需要 ＝ 影響度① × 要素A × 要素B

要素Aの不確実性が高い場合　　＋　影響度② × 要素C

例：半年後の気象
他に訪日外国人数・為替レートなど
＊主に中長期の外的環境要素

日焼け止めの
需要なら

Range Forecast

シナリオ1. 猛暑　▶　品切れリスクを想定
シナリオ2. 平年並み
シナリオ3. 冷夏　▶　過剰在庫リスクを想定

ができます。楽観、中立、悲観シナリオです。日焼け止めやデオドラントの予測モデルであれば、夏は暑いほうがよいため、猛暑が楽観シナリオになります。平年並みが中立、冷夏が悲観です。

　回帰分析を使うにしろ、有識者の知見ベースの判断を使うにしろ、過去の実績から推定した需要への影響度を用いて、3つの予測値を算出します。これが幅を持ったレンジ・フォーキャストとなります。

シナリオを当てることよりもはずれた場合の想定が重要

　猛暑のシナリオの場合は高い予測値になるはずであり、平年並みの中立のシナリオに基づく需要予測、生産計画の場合は、その差が品切れリスクになります。逆に冷夏のシナリオでは低い予測値になり、これとの差は過剰在庫リスクとなります。

　商品の戦略上の位置づけや前年の供給状況、競合のプロモーション、市場環境などを考慮し、どのシナリオで生産計画に連携するかを決めます。ここで重要なのが、シナリオを当てるというマインドではなく、選択しなかったシナリオになった場合の事前想定です。

　猛暑のシナリオを基本とし、生産計画に連携した場合は、過剰在庫のリスクヘッジをすることが有効になります。たとえば、生産を細かく後ろ倒しにできるようにし、気象予報の精度が高くなるまで判断時期を引き延ばすという対応ができるはずです。

　逆も同様で、猛暑シナリオの品切れリスクをヘッジする場合は、原材料を用意し、生産ラインに余裕を持たせておくことで、急な増産にも対応できるように準備します。

　このように、シナリオ分析のための需要予測は、シナリオ想定がはずれた場合のためともいえるでしょう。

ペイオフマトリクスを使った事前のアクション想定

　シナリオ分析に合わせて、事前にアクションを整理するのに有効なのがペイオフマトリクスです（Larry Lapide, 2020）。複数のシナリオごとに、品切れまたは過剰在庫リスクをヘッジするアクションを列挙し、それによ

る効果をマトリクスで整理するものです。この効果は、できるだけ定量的に、金額ベースで表現できると、意思決定を行なうマネジメント層は判断しやすくなります。

日焼け止めの需要予測で、猛暑、平年並み、冷夏の3シナリオを想定した場合のペイオフマトリクス例を示します。

図7-3　シナリオ分析ベースのアクション例

ペイオフマトリクスでシナリオ別のアクション効果を事前想定

シナリオ／アクション	猛暑	平年並み	冷夏
原材料 予備確保	販売機会損失抑制 ○○億円	先々で 消費できるか	原材料償却リスク ○○百万円
出荷制御	流通在庫の偏りを抑制 販売機会損失最小化	対応なし	
緊急増産用 生産ライン準備	販売機会損失抑制 ○○億円	安定した需要のある他商品で 生産ラインをうめる	
販売促進に転用	対応なし		在庫償却リスク ○○千万円減少
値引き販売	対応なし		利益減少の想定 ○○千万円

＊アクション内容はビジネスモデルや商材によって変わる

　実際に私も、因果モデルを使ったレンジ・フォーキャストと、ペイオフマトリクスによるアクションの事前想定を行ない、S&OPミーティングで提案を行なってきました。主力商品のリニューアルに向けた1年前のラストオーダー、不透明な渡航規制の解除時期を踏まえたインバウンド人気商品の中長期予測など、レンジ・フォーキャストとペイオフマトリクスの組み合わせが有効活用できる場面は、特に重要なものが多いです。

　その際には、因果モデルを整備しておく必要があります。さらに、AIを導入している場合は、機械学習のロジックなどを使うことで、より複雑な因果関係にも対応できる可能性があります。8章でくわしく説明しますが、この場合は特徴量の創造が重要になります。これには需要の因果関係がベースとなるため、デマンドプランナーは担当カテゴリーについて、一度は因果モデルを設計しておくとよいでしょう。

AIを使ったシミュレーション【ENEOSの事例】

　2021年4月28日の日本経済新聞で、エネルギー企業のENEOSが、スタートアップのプリファードと協同し、AIで化学品や医薬品の材料探索を目指すことを発表しました。これらの開発では、原子やそれが集まってできる分子の挙動特性を把握することが重要で、これは原子の構成や構造に影響を受けるため、計算量が膨大になります。また、計算では見落とされる影響があるかもしれず、実験での検証には設備や時間、費用が必要です。

　こうした複雑な因果関係の分析にはAIが有効です。過去の原子や分子の挙動を学習データとして学ばせることができれば、挙動のシミュレーションをすることができるでしょう。どのような化学反応が起こるかを予測し、化学品や医薬品の開発に役立てることが狙いだと思われます。AIの計算速度は速く、一定期間は繰り返し活用できるため、コスト削減にもつながります。

　人の購買行動にも同様に複雑な因果関係があります。一昔前であれば、大衆に向けたマス・マーケティングを受け、多くの消費者が似たような欲求を持ったでしょう。しかしスマートフォンなどの技術によって消費者が大量の情報を得ることが可能になり、購買動機や欲求は多様化してきたといわれます。

　企業が発信するテレビCMだけでなく、人気アーティストによるSNSでの情報発信や友人間での口コミなど、あらゆる情報によって購買行動は影響を受けています。また、これらは互いに影響し合っています。親しい友人間では好きなアーティストやウェブサイトなどが似る傾向があり、それらからの情報発信と口コミには関連があると考えられます。

　こうした複雑な因果関係を因果モデルで表現し、従来使われてきた回帰分析で影響度を推定していくのはむずかしいといえます。そこで、AIの活用が期待されているわけです。とはいえ、需要シミュレーションには因果関係が重要であることに変わりはありません。需要の背景にはどんな因果関係があるのか、それは意識して想像するようにしましょう。

7-3 プロモーション効果試算

引き算思考で、過去の需要を予測する

プロモーションの影響度を試算する

　ここからは、需要に影響する代表的な4つのイベントについて、その影響度の試算例を示していきます。本章の冒頭で述べた2つめのシミュレーション、つまり起こらなかった過去の予測です。この試算結果を基に過去データを補正することで、3章-1で述べた時系列モデルで使える過去データの期間を延ばすことができます。

短期的な売上伸長の効果を測定

　商品の売上を伸ばすために、プロモーションが行なわれることがあります。それはテレビCMであったり、大規模なサンプリングであったり、電車内の広告であったり、さまざまです。それらのほとんどは短期的なものです。

　こうしたプロモーションの本来の目的は、短期的な売上の伸長だけではないこともあります。ブランドの認知度向上や顧客のロイヤルティの維持、向上などもあります。

　プロモーションには費用がかかり、その投資対効果（Return on Marketing Investment）は、定量的に評価する必要があります。どのプロモーションが効果的かを把握し、より効率的にマーケティングを行なうためです。

前年のデータがある場合

　発売して1年以上経過している商品へのプロモーション効果であれば、前年同期間の実績との比較がベースとなります。ただし、前年同期間にはプロモーションが行なわれていないことが前提となります。

前年同期間にも同様のプロモーションが行なわれていた場合は、実績に
その効果が含まれているので、比較では効果は試算できません。また、次
のような点にも注意する必要があります。

①前年同期間に別のプロモーションが行なわれていなかったか
②過去１年以内に、その商品の需要のトレンドに大きな変化はなかったか

　①があると、その効果も取り除かないといけません。そうでないと、プ
ロモーション間の効果の差を試算することになります。
　類似商品が発売になって需要が下がっている場合や、取り扱い店舗数が
増加して需要が上がっている場合なども注意が必要です。その影響を差し
引いて、プロモーション効果を試算しなければなりません。
　これらの点に注意して、プロモーションが行なわれなかった場合の仮想
的な需要予測をしていきます。
　仮想的需要予測で考慮するのは季節性とトレンドだけです。つまり、プ
ロモーションを考慮しない需要予測です。その予測値と実績の差が、プロ
モーション効果となるわけです。
　たとえば、2021年の６～８月にプロモーションが行なわれた商品があり、
その前後の４～５月、９月の前年比が95％だとします。前年もこれらの月
はプロモーションが行なわれていなかったため、この商品の現在の需要の
トレンドは95％と考えることができます。そうして、本年の６～８月の需
要を前年比95％で仮想的に予測します（図7-4の「本年仮想」）。このとき、
本年実績と本年仮想の差が、プロモーションの効果と考えることができま
す。これは、単純な前年に対する伸長分とは異なる値になることに注意し
てください。

図7-4　本年仮想（プロモーション期間前後の前年比から予測）

	4月	5月	6月	7月	8月	9月
前年実績	100	95	100	105	100	95
本年実績	95	90	180	130	110	90
本年仮想	―	―	95	100	95	―
前年比	95%	95%	180%	124%	110%	95%
プロモーション効果	―	―	85	30	15	―

プロモーション期間　（千個）

図7-5　仮想的予測と実績の差がプロモーション効果

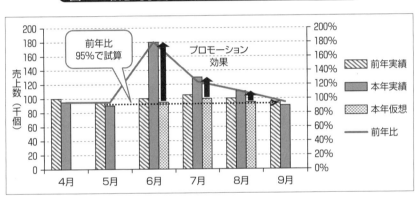

図7-6　イベントの効果・影響の予測

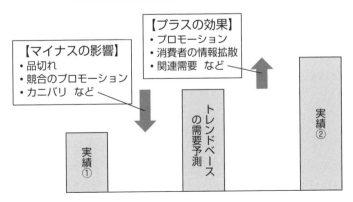

複数のプロモーションが行なわれた場合

　プロモーションが複数の場合には、効果試算にも工夫が必要です。たとえば、テレビCMが投入されると同時に、大規模なサンプリングが行なわれたとします。前述の方法では、それら2種類のプロモーション合計の効果が試算されたことになります。そこで、どちらか1つだけのプロモーションが行なわれた事例から、先ほどと同様にその効果を試算します。このとき、同じブランド、価格帯など、できるだけ条件の類似した事例が望ましいでしょう。

　たとえば、大規模なサンプリングだけが行なわれたときの伸長効果がわかったとします。2種類のプロモーション合計の効果の試算からこれを引くことで、テレビCMによる伸長効果を試算することができます。ただし、これはテレビCMと大規模なサンプリングが互いに影響し合っていないという前提を置いていることになります。

　現実には、「テレビCMで見て気になっていたものが、サンプルを使ってみてもよかったから購入してみよう」という消費者もいるはずです。これは2種類のプロモーションの相乗効果といえます。そのため、複数のプロモーションが同時に行なわれた場合の効果試算は、精度としてはやや低くなり、それを念頭に数字を捉えるべきです。

前年のデータがない場合

　発売後1年が経過していない場合は、少しむずかしくなります。基本的な考え方としては、プロモーションが終わり、しばらく経って需要が落ち着いたと考えられる水準になってから、過去をさかのぼって仮想的需要予測を行ないます。

　たとえば、発売直後にプロモーションが3か月行なわれたとします。仮想的需要予測をするには、さらに3か月程度の実績が出た後で遡るくらいの時間感覚を意識してください。このときも需要予測の類似商品選定の考え方を使い、過去に発売された類似商品の発売半年間の実績を参考にします。その類似商品は、発売直後にプロモーションが行なわれていないもの

を選びます。

　類似商品の4～6か月目の需要の水準と、プロモーション効果を試算したい商品の同期間の実績を比較し、その比率を使って、プロモーションが行なわれなかった場合の需要を仮想的に予測します。具体的には、図7-7の表を使って説明します。

　プロモーションが終わった後の7～9月において、プロモーションが行なわれていた商品の実績が、類似商品の111～113％です。この比率を参考

図7-7　対類似品比から仮想的に予測

プロモーション期間					（千個）
－	4月	5月	6月	7月	8月	9月
実績	200	150	120	100	90	85
類似品の実績	110	100	100	90	80	75
対類似品比	182%	150%	120%	111%	113%	113%
仮想的予測	124	112	112	－	－	－
プロモーション効果	76	38	8	－	－	－

図7-8　仮想的予測と実績の差がプロモーション効果

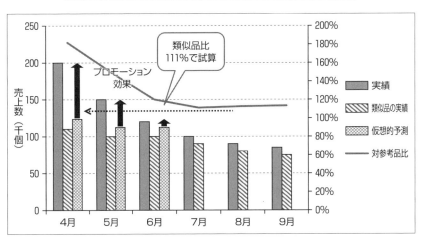

に、4〜6月の類似商品の実績に111％をかけ、プロモーションが行なわれなかった場合の仮想的需要予測を行ないます。これと実績の差が、プロモーション効果と試算できます（図7-8）。

　ここで注意すべきなのはプロモーションの中長期的な効果です。プロモーションの種類によっては、その後、数か月経って効果が出てくるようなものもあります。ブランド認知度が向上した場合は、需要のベース自体が上がっている可能性もあります。プロモーションが終了した後でも効果が残っている可能性があることには留意しましょう。

　以上のように、プロモーション効果を仮想的需要予測によって試算することができます。この信頼度を高めるためには、仮想的需要予測の納得度を高いものにしなければなりません。前年データがある場合ならまだしも、ない場合は類似商品選定に特に気を配る必要があるといえるでしょう。このあたりは通常の需要予測と同じです。

7-4 カニバリゼーション予測

> 需要には上限がある

そのまま伸長効果にはならない

つづいて、限定品の発売による売上伸長効果の試算についてお話しします。限定品とは、食品の期間限定の味などが想像しやすいでしょう。お菓子や清涼飲料水などで比較的よく見かけます。化粧品でも化粧水に小型の乳液がついているセット品や、数量限定の色の口紅などがあります。メーカーは限定品を発売することで消費者からの注目度を高め、売上の伸長を図ります。

このとき、限定品の売上がそのまま伸長効果であると考えるのは正確ではありません。なぜなら限定品の発売によって、同じカテゴリーの商品の需要が下がることがあるからです（逆に上がることもあります）。普段購入しているものを買いに行ったとき、期間限定のものが並んでいたら、今回は試しにそちらを買おうという気持ちになるかもしれません。結果、すでに販売されていた商品の需要は落ちるのです。限定品発売による売上伸長効果を試算する場合は、その分を考慮しなければなりません。

影響するものも含めた合計から考える

この場合の売上伸長効果は、限定品の発売によって需要が影響を受けたであろう商品も含めて複数商品合計の売上から試算する必要があります。商品の持つ機能、販売チャネルなどの類似性が高いほど影響を受けます。

たとえば、化粧品ではブランド×カテゴリー単位で試算することがあります。他の消費財でも似たような括りになると思います。その単位で、仮想的需要予測に対し売上がどれだけ伸長したかを算出します。

効果試算のための需要予測とはいえ、考え方は3章、4章で述べたものと基本的には同じです。

「限定品発売による売上伸長効果」
＝「限定品含む特定カテゴリー合計の実績」－「類似商品の仮想的需要予測」

　同時に、限定品発売による類似商品の需要減の度合いも試算することができます。

「限定品発売による類似商品への影響」
＝「類似商品の仮想的需要予測」－「同商品の実績」

　具体例を挙げると、商品Xの需要に影響を与える限定品が6月に発売されたとし、その実績が図7-9の通りだったとします。限定品の発売前の4月、5月、9月のXの前年比を参考に、限定品発売後の6月～8月のXの仮想的需要予測を行ないます。Xのトレンドは、4月、5月、9月の前年比から105～106%であると考えられるため、その数字を使って試算します。
　この予測と実績を比較することで、限定品発売による需要の伸長効果と、商品Xの需要への影響度合いを試算することができます。
　以上のように、限定品の発売による売上伸長は、それによって需要が影響を受ける商品まで視野を広げて試算する必要があります。

図7-9　限定品とその影響を受けた商品Xの実績

(千個)

－	4月	5月	6月	7月	8月	9月
限定品	0	0	100	40	10	0
影響のある商品X	95	100	30	70	95	95
合計	95	100	130	110	105	95
Xの前年実績	90	95	95	100	95	90
Xだけの前年比	106%	105%	32%	70%	100%	106%
仮想的予測	－	－	100	105	100	－
伸長効果	－	－	30	5	5	－
影響度合い	－	－	▲ 70	▲ 35	▲ 5	－

7-5 シェア競争による需要への影響試算

提供価値の重複で激化する争い

4つの競争レベル

競合商品の発売による需要への影響は限定品発売の場合と少し似ています。ある新商品が発売になると、機能や価格が近い商品の需要は影響を受けます。これはマーケティングのポジショニング戦略と密接な関係があります。

マーケティングにおけるポジションとは、「顧客の心の中におけるブランドの魅力や商品の機能を踏まえた商品の位置づけ」と解釈でき、そこからライバルを見極めます。中央能力職業開発協会が実施しているビジネス・キャリア「マーケティング2級」のテキストによると、レーマンとウィナーは次の4つの競争レベルで捉えています。

①ブランド間競争
②商品カテゴリー内競争
③商品カテゴリー間競争
④予算競争

①〜④に向かうほど広い概念となります。1つひとつ見ていきましょう。

①ブランド間競争

最も狭い範囲の競争であり、同カテゴリーかつ同価格帯の商品間のものです。コーヒーならば、スターバックスとタリーズ、ハンバーガーならフレッシュネスバーガーとモスバーガー、アイスクリームならハーゲンダッツとグランなどが該当するでしょう。選択の際には、店舗へのアクセスのしやすさ、味や店舗の雰囲気の好みなどが重要です。顧客のアクセスのし

やすさという面では、販売チャネルの類似性にも関連します。

②商品カテゴリー内競争

　同カテゴリー内のものです。商品として同様の機能を持つものの競争ともいえます。たとえば、スターバックスと星乃珈琲、フレッシュネスバーガーとクアアイナ、ハーゲンダッツとゴディバといった関係も含まれるようになります。これらは価格帯が異なり、想定するターゲットや購入目的（たとえば自分用とギフト用など）が異なることが多いため、ブランド間ほど激しい競争にはならないと考えられる一方、企業内やブランド内（シリーズ、ライン間）でも発生する可能性があります。

③商品カテゴリー間競争

　アメリカの経営学者フィリップ・コトラーが「Generic Competition（一般的な競争）」と呼んだものであり、消費者のニーズによる視点で捉えた競争です。化粧品だと、消費者の“白い肌になりたい”というニーズに対し、美白美容液を使うのか、日焼け止めを使うのかという競争のことになります。ただし、これは併用されることもあります。

④予算競争

　予算競争の最も広い概念は、消費者のより根源的な欲求に対して発生する競争です。たとえば、消費者の“きれいな肌になりたい”という欲求に対し、化粧品を購入するだけでなく、美容医療を受ける、スポーツジムに通って汗を流す、旅行をしてストレスを発散する、なども選択肢になりえます。

　概念が広くなるほど、需要予測がむずかしくなります。実際、私はこの予算競争について、予測の段階で加味することは困難なため、振り返りで考察する程度となっています。

ブランド間競争による需要の下降度合い

　競合商品の発売とは、主に最も狭い概念であるブランド間競争のことを

指しています。なぜならこれが最も需要への影響が大きいからです。特に化粧品を含む消費財の購買行動においては、価格が重要な決定要因の1つとなります。そのため、同価格帯であるブランド間競争のほうが、商品カテゴリー内の競争よりも発生する確率が高いと考えられます。

また、商品カテゴリー間の競争については、化粧品における併売（例に挙げた美白美容液と日焼け止めの他に、化粧水と乳液や、メイク落としと洗顔など）の事例をよく見てきたこともあり、競争による需要減と併売による需要増の影響のどちらが大きいか、判断がむずかしいといえます。

競合商品が発売にならなかった場合、需要のベースはそれまでの季節性と直近のトレンドで予測できます。その予測と実績の差が競合商品発売による影響度になり、次のように導き出します。

「競合商品発売による需要の下降」
＝「競合商品発売がなかった場合の仮想的需要予測」-「実績」

競合商品発売による需要の変化

具体的に例を挙げて説明します。ある商品Yと機能や価格帯が類似した競合新商品が7月に発売になったとします。その実績は図7-10の通りです。

図7-10 商品Yと類似品の販売実績

(千個)

－	4月	5月	6月	7月	8月	9月
影響のある商品Y	95	100	100	45	40	40
新発売の類似品	0	0	0	120	100	90
商品Yの前年実績	100	105	105	110	100	100
Yの前年比	95%	95%	95%	41%	40%	40%
仮想的予測	－	－	－	105	95	95
影響度合い	－	－	－	▲ 60	▲ 55	▲ 55

商品Yの需要のトレンドは、競合新商品が発売になる前の4月～6月の前年比から95％程度であったと考えることができ、これを使って仮想的に

需要を予測します。この値と実績の差が、類似商品の発売によるYの需要の下降度合いと考えることができます。

これは限定品発売による影響の試算と似ていますが、限定品による影響は一時的であるものの、こちらは半永久的であり、圧倒的に影響が大きいです。需要の下降度合いが非常に大きく、それを戻せる見込みがないと判断されたときは、販売が終了になることもあるくらいのインパクトです。

こうした予測を見込まないと、生産が過剰になって不要な在庫が増加します。

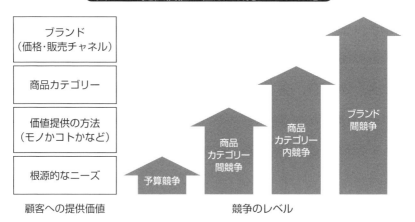

図7-11 提供価値の種類と競争のレベル感

7-6 品切れによる機会損失予測

企業として定義を決めることが必要

複合的な要因で引き起こされる

　この章の最後に、私が需要予測の現場において最もむずかしいと感じている仮想的需要予測についてお話しします。それは、「品切れによる販売機会の損失」です。

　消費財以外の業界含め、品切れはSCMの大きな課題だと認識しています。品切れが発生する要因は、1章で述べた通り、需要予測の精度だけではありません。営業の現場とのコミュニケーションや原材料のサプライヤーとの交渉に問題があるということもあります。私が業務の中で感じたのは、多くの場合はそれらの複合的なものによるということです。

曖昧な機会損失の定義

　メーカーにとっての品切れは、卸店や小売店へ出荷できないことを意味しますが、その分がすべて機会損失といえるでしょうか?

　私はそうは考えません。なぜなら、在庫が用意できると、通常よりも多くの発注が上がるケースがあるからです。小売店において品切れが発生し、消費者が買えなくても、それだけでは機会損失とも考えられません。その消費者が別のものを購入して、はじめて機会損失が発生したと考えるべきです。

　しかし、この機会損失はあくまでもその商品においてのものです。小売店からすれば、別の商品を購入してもらえれば、それは機会損失とはいえないでしょう。誰にとっての機会損失かをどう定義するのかが、多くの場合、曖昧になっています。そのため、実際に一部の小売業では、自社の定義に基づいて試算しているようです。

　そもそもの計画以上売れた場合の品切れ分を機会損失と捉えるかは、議

論の余地があります。『月刊ロジスティクス・ビジネス』（2017年10月号）
によると、大手消費財メーカーのサンスターでは、販売計画に対する不足
分のみを品切れと定義しているそうです。

▌品切れ機会損失の具体的な試算手法

　ここでは、需要予測の視点として、1つの商品にとっての機会損失とし
て話を進めていきます。

　商品レベルでの品切れによる機会損失では、供給が回復した後の、反動
による需要の増加分を差し引く必要があります。メーカーからの出荷段階
でも、品切れによって少なくなった卸店や小売店の在庫を回復させるため
に、品切れの解消直後は大きな発注が上がる傾向があります。また、小売
店における品切れにおいても、品切れが解消されるのを待っていた消費者
が比較的短い期間に集中して購入する可能性があるため、一時的に売上が
上がることがあります。

　つまり、さまざまな流通段階において、品切れ解消直後は通常よりも需
要が増えることがあるのです。仮想的な需要予測ではこのことに注意しな
ければなりません。

　では、品切れ期間中とその直後の仮想的需要予測の方法です。これまで
同様、品切れ直前までの季節性やトレンドを考慮して行ないます。品切れ
が長い期間でなければ、品切れ発生直前と、品切れ発生後（反動も収まっ
た後）を直線で結び、それを簡易的な仮想的需要予測としても大きな差異
は発生しないでしょう。式は次のようになります。

「品切れによる機会損失」＝「仮想的需要予測」-「実績」
≒（「品切れ発生直前の水準」＋「品切れ解消後の安定水準」）／ 2
×（「品切れ期間」＋「反動期間」）-「実績」

　たとえば、ある商品の日別の実績は図7-12の通りで、4日〜7日にかけ
て品切れが発生したとします。このとき、品切れ前後の実績から1日平均
を計算するなどして、品切れ期間中の仮想的な需要予測を行なうことがで

きます。

図7-12 ある商品の日別の実績（4～7日にかけて品切れが発生）

品切れ期間

(千個)

－	1日	2日	3日	4日	5日	6日	7日	8日	9日	10日
日別実績	200	180	210	30	0	0	0	650	400	190
仮想的予測	－	－	－	195	195	195	195	195	195	－
機会損失	－	－	－	▲ 90						－

　8日と9日の実績は、品切れ前の実績と比較して明らかに高いことから、これは品切れ解消後の反動による需要増と考えられます。そのため、仮想的な需要予測は4日～9日を対象期間とします。この期間における仮想的需要予測と実績の差が、品切れによる機会損失となります。

　これは折れ線グラフで見ると、より理解しやすくなると思います。

　次のグラフのC（品切れによる売上減）とD（品切れ解消後の反動による売上増）の面積の差が、品切れによる機会損失となります。

図7-13　品切れによる売り上げの変化（折れ線グラフ）

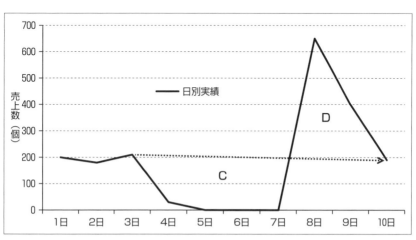

259

少ない数の商品の品切れに対し、単発的に機会損失を試算する場合は、この仮想的需要予測を使う方法をおすすめしますが、繰り返し行なう場合は簡易的な近似式を作って試算するほうがいいでしょう。目的にもよりますが、いずれにせよあくまでも試算であり、実務上はリカバリーと再発防止のほうが重要なため、それらにリソースを割くほうが合理的です。

簡易的な近似式の作成

　簡易的な近似式を作成するためには、前述の仮想的需要予測による機会損失試算を何度か行なう必要があります。そして、その結果を特定の条件別に整理します。整理の仕方は業界にもよりますが、たとえば次のような例が考えられます。

- 取り扱いが業態E中心の商品は物流センターに在庫が多めにあるので、〇日以上の品切れで、単価×品切れ日数×日平均売上数×係数E
- 顧客ロイヤルティの高いブランドFは、品切れしても顧客がある程度の期間待ってくれる可能性が高いため、〇日以上の品切れで、単価×品切れ日数×日平均売上数×係数F

　ポイントは係数設定です。これは仮想的需要予測を複数回行ない、商品の属性と品切れ日数、機会損失額の関係性を分析しないと算出することができません。品切れが発生するたびにデータを蓄積しておくことが第一歩となるでしょう。このようなデータを整備できれば、AIを使って機会損失額を推定してもよいと思います。一度、条件ごとに係数を設定してしまえば、ある程度の期間は機会損失を試算することができるようになります。
　以上のように、需要予測は過去に対しても行なう価値があり、それによってさまざまな効果や影響を可視化することができるようになります。これも需要予測の有効な使い方の1つです。

第8章

需要予測AI

2017年以降、いくつかの需要予測AIの開発にかかわる中から、需要予測のデジタルトランスフォーメーションの方向性が見えてきました。AIに限らず、革新的な技術はこれからも次々と生まれてくるでしょう。それらはおそらく、ビジネスプロフェッショナルの仕事は奪いません。

新しい技術を使ってビジネスで価値を生み出すためには、プロフェッショナルの知見を掛け合わせることが必須です。そのためにはマインドを変え、磨くスキルを変え、組織やオペレーションを柔軟に設計できる創造力が重要になります。

AI(人工知能)とは?

複雑な関係性にある大量データからパターンを見つける

人とAIの能力比較

　2016年ごろから「AI」という言葉を非常に多く聞くようになりました。駒澤大学の井上智洋准教授は、AIの身近な例としてiPhoneのSiriを挙げていますが、1990年代の後半に登場した、Web上の検索エンジンにおける「レコメンドシステム」もAIの１種だということです(『人工知能と経済の未来』井上智洋著　文藝春秋　2016年)。

　また、早稲田大学ビジネススクールの成毛眞客員教授の『AI時代の人生戦略』(SBクリエイティブ　2017年)によると、今回は3度目のAIブームであり、過去には数学の問題を解けるAIの登場(1960年ごろ)や、問いかけに対応する「エキスパートシステム」の登場(1980年ごろ)によってブームが起きたものの、"誰がAIに知識を与えるか"という課題を残して下火になったようです。今回は計算能力の劇的な向上や高度な深層学習が可能になったことで、AI自身によるパラメータ推定の精度が上がり、より実用化が現実味を帯びてきたといわれています。

　現時点のAIは特化型という、特定の機能(囲碁やローン審査など)のみでしか使えないものが主です。しかし複数のAI研究者が、2030年には「汎用AI」と呼ばれる、人と同様の柔軟性を備えたものが登場すると予測しています。さらに2045年にはシンギュラリティという、AIが人を超える知性を獲得するといった変化が訪れると予想しています。

　私は次の点で、人は機械よりも劣っていると考えています。

・処理能力に基づく分析速度
・認知科学的なミスのない正確性

・飽きや疲れとは無縁な継続性

AIはそれに加え、自己学習能力を備えています。

改善すべき「結果」を指定することで、それが最大（または最小）になるように、くり返しの試行の中で学習していくことができます。圧倒的な処理能力で高速の分析を繰り返し、人が行なうと気の遠くなるような時間のかかることを、驚くべき速さでアウトプットできるのです。

逆に、現時点ではまだ人のほうが優れているのは、次の点です。

・不完全なデータでもある程度考慮できる柔軟性
・新しいデータを収集、考案する創造性

実際、需要予測AIを構築する中で、AIのケタ違いの情報処理能力を感じました。一方で、需要予測のような限られたデータしか使えない条件では、人による創造性が加わらないと、従来の予測精度は超えられないこともわかりました。

需要予測AIの開発がむずかしい理由

2012年にディープラーニング（Deep Learning）という新しいAIの学習法が提案され（Salakhutdinov & Hinton, 2012）、囲碁やチェスの領域では、過去の対局データを大量に学習したAIが、世界トップのプロフェッショナルに勝つようになりました。こうした衝撃的な事例から、需要予測の領域においても、3、4章で紹介した従来の手法を上回る予測精度が期待されました。しかし、革新的発明であるディープラーニングが得意とするのは、音声・画像・言語データの学習です。そのため数値データを扱う需要予測では、多くの場合、ディープラーニング以前の機械学習（Machine Learning）を使うAIで行なうことになります。

そして2章で紹介した時系列モデルは、指数平滑法の誕生から80年以上の進化を経て高度になっており、過去データのある商品の需要予測は、大

きな環境の変化がない限りは、高い精度を期待することが可能です。機械学習で学ぶ需要予測AIといえど、これに勝るのは簡単ではないでしょう。

　一方で、過去データがなく、さまざまな要素が影響する新商品の需要を予測するためには、従来の"誰がAIに知識を与えるか"が変わらず重要だというのが、私がこれまでの経験から得た学びです。つまり、AIの導入だけではうまくいかないということです。これについて、具体例を示しつつ説明します。

　ちなみに、ここまででも何度か出てきましたが、「特徴量」とは、AIが学習するデータの項目を指します。たとえば、商品の属性（ブランドやカテゴリなど）、販売価格、施策の投入金額、発売時の平均気温などです。

　一方、「学習データ」とは、AIが未来を予測するために学習させる過去のデータセットのことを指します。新商品の需要予測であれば、過去に発売された各商品にひもづく各種特徴量と、過去の販売実績が含まれます。「学習データ」に対し、構築したモデルの予測精度を評価するための、AIに未学習の過去データは「評価データ」と区別されます。

図8-1　需要予測AIでビジネス価値を生むポイント

複雑な因果関係

特定の法則性

AI

①ビジネスの需要予測のような
データの質と量に制約がある場合は？

②歴史ある時系列モデルよりも精度で優位な領域は？

③得られた法則性を使って
どんなビジネス価値を生み出せるか？

8-2 需要予測AIの構築

大きな価値を生むのは発売前の需要予測

大量データの分析に基づく需要予測【Amazonの事例】

　ビジネスにおけるAI活用が広がると、すでにインターネット上の膨大な量のデータを保持しているAmazonやGoogleなどの巨人たちが、現在のビジネス領域に限らず、さらに幅広い領域で支配力を高めていくことが予想されています。

　2013年、Amazonが「予測出荷」に関する特許を取得して話題になりました。予測出荷とは、消費者が注文する前に、その消費者が購入するであろう商品を予測し、居住地の近くまで配送しておくオペレーションです。消費者が本当にその商品を注文すれば、半日と待たずに受け取ることが可能になります。

　ただしこれには精度の高い需要予測が必要です。あくまでも予測で出荷するため、それが間違っていればムダな在庫移動をすることになります。在庫の移動にはコストがかかるため、ムダな移動が多いと、予測出荷による競争力の向上よりもコスト増のほうが大きくなってしまうかもしれません。

　公開されている特許を見ても、予測出荷における需要予測ロジックの詳細、予測に活用する具体的な全要素については明記されていませんが、購買履歴や商品の類似性、関連性などを参考にしているようです。

　たとえば、ある消費者Aが購入する商品を予測するために、年齢や性別、居住地などの属性が類似する消費者Bの購買履歴を参考にする、といった考え方です。購買履歴がない新商品については、その商品の持つ属性、つまり商品の機能や価格帯、カテゴリーなどが類似する商品を購入しているかを参考にしているということでしょう。

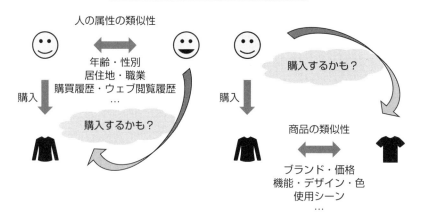

図8-2　類似性から需要を予測する

人の属性の類似性

年齢・性別
居住地・職業
購買履歴・ウェブ閲覧履歴
…

購入

購入するかも？

購入

購入するかも？

商品の類似性

ブランド・価格
機能・デザイン・色
使用シーン
…

　また、こうした需要予測に加え、場合によっては潜在的な顧客へ向けて、値引きなどの販売促進を行なうことも想定しているそうです。これはマーケティングであり、予測出荷を成功させるために、需要予測と合わせて需要喚起も行なう可能性があることが記されています。

　この考え方は、特に新商品の需給マネジメントにおいて重要です。予測で当てるという発想を超え、マーケティングや販売で当てにいくというものです。不確実性の高い条件下では、こうした発想の転換も大切になります。

　4章で、過去の販売データのない新商品の需要予測の際には、類似性が重要となることを述べましたが、この予測出荷でも同様であることがわかります。消費者間、または商品間の類似性を評価するためには、それらが持つ属性の類似性を何らかの方法で測定する必要があります。

　4章-4で紹介した予測モデルでは、業界知識に基づいて設定した5個程度の少ない要素で類似性を評価していますが、人が行なう場合はそれほど簡単ではありません。これでも実務では有用性が認められているものの、さらに多くの要素を使って評価することが可能であるなら、そのほうがより信頼度は高くなるでしょう。これには大量のデータを高速で分析できる能力が必要になります。そのため、データを大量に保有するAmazonは、

分析能力の高いAIを活用することで、高次の類似性判断に基づく需要予測を行なうことができるようです。それが、予測出荷という衝撃的な特許申請を支えていると考えられます。

　一方で、2016年の年末に、話題商品であった「Amazon Echo（アマゾン・エコー）」が品切れしました。これはAmazonのAIである「Alexa」を搭載している音声認識家電で、人の声による指示に対応します。たとえばニュースを読み上げたり、音楽をかけたり、他の家電がインターネットで接続されていれば、電気をつけることもできます。

　この「Amazon Echo」の品切れの原因は、需要予測であったと指摘されています。おそらく、品切れが発生したのがクリスマス商戦という特殊な時期だったためです。クリスマス商戦は、需要が大きく変動することが想定されます。つまり、原材料調達や生産のトラブル、供給するキャパシティの不足ではなく、需要予測のミスが主要因である可能性が高いということです。

　Amazonは「予測出荷」の特許を申請するほど、需要予測にはある程度のノウハウがあり、また、大量のデータを保有していると考えられます。さらに、おそらくAIによる高度な分析も可能である一方、この事例のような需要予測のミスに起因する品切れが発生したことに精度の高い需要予測AIを構築するためのヒントがあると考えています。

新商品の需要予測AIへの挑戦

　私は2017年頃から、複数の需要予測AIの構築に関わってきました。ユーザー企業サイドとして、次のようなプロセスを主導しました。

① 需要予測AIで解決すべきビジネス課題の設定
② 特徴量のアイデア出しと収集
③ AI予測結果の評価と解釈

　AI自体の開発は行なっていません。そこは専門のデータサイエンティ

ストの力を借りています。そのような中で、私の意思で一貫して目指して
きたのが、発売前時点における需要予測の精度向上です。理由は、次の2
つです。

- 過去の実績データのない新商品は、発売後数年が経過した既存商品より
  も需要予測がむずかしく、誤差率は2〜4倍程度と改善の余地が大きい
  ため
- 基本的に高度な時系列モデルで行なっている既存商品の予測精度は高く、
  AIを使っても改善が期待しづらいため

　もちろん、新商品、しかも発売前時点における需要予測は、AIを用い
てもむずかしいことは想定していました。2017年時点では、他社で成功し
たという事例も聞きませんでした。それでも、この領域に挑戦することで
新しい知見を得ることができるという感覚があったため、研究開発の意味
も含めて提案して進めたのです。当時、トップマネジメント層の方々が成
功確率の不透明なこの取り組みへの投資を了承したことも、1つの重要な
意思決定だったと捉えています。

8-3 需要予測AIの特徴量づくり

プロフェッショナルの暗黙知から仮説を構築する

需要予測のプロフェッショナルによる特徴量エンジニアリング

　私たちは当初、需要に影響しそうな大量のデータを学習させれば、精度の高い需要予測AIを構築できると考えていました。そのため、社内外に散在する数百種のデータを収集し、整理して特徴量を作成しました。カテゴリーや小売価格などの商品属性や過去の売上、出荷データはもちろん、テレビや雑誌、ウェブサイトなどメディア宣伝の投入規模といったマーケティングプロモーションに関するデータの他、気象データや人口動態、経済指標、為替レートといった社外のマクロデータなども特徴量としました。

　しかし、数百種類のデータを過去10年分など学習させても、需要予測AIは従来の予測精度を超えることができませんでした。従来の予測手法は、4章で紹介した需要の因果関係を前提とした因果モデルだけでなく、トップダウンの目標に基づくJury of Executive Opinionや営業担当者の計画を積み上げるSales Force Composite、消費者の認知過程をモデル化するAssumptions-Based Modelingなども含みます。

　AIによる予測結果の解釈から、私は特徴量の質に課題があると考えました。たとえば、メディア宣伝に起用したモデルが、その商品のターゲット顧客にどれくらい人気があるのか、といった情報はデータ化されていなく、AIの特徴量にはありませんでした。この他にも、発売時点における商品の目新しさ、小売店におけるリテール・プロモーションの規模感、競合商品との比較のうえでの相対的な価格感など、データとして体系的に蓄積されていないものの、需要にはほぼ確実に影響している要素を、AIは学習できていなかったのです。

　ここから私たちは、需要予測AIの特徴量としての活用を前提としたデ

ータマネジメントと、それを専属的に担う組織の必要性を提案しました。これをCEOが承認し、需要予測のデータマネジメント専門チームが発足しました。このチームが担ったのは、需要予測AIの予測結果の解釈に基づく新たな特徴量の創造です。

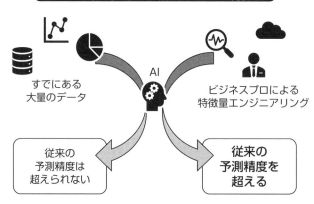

図8-3　需要予測AIの精度を上げる特徴量

すでにある
大量のデータ

AI

ビジネスプロによる
特徴量エンジニアリング

従来の
予測精度は
超えられない

従来の
予測精度を
超える

　これまでにないデータのセンシング（定期的に取得すること）や既存データのかけ合わせ、人による評価値の作成などであり、これを「特徴量エンジニアリング」といいます。これはデータサイエンティストではなく、ユーザー企業のビジネスプロフェッショナルが主導すべきオペレーションです。需要の因果関係を前提に、どんなデータをAIに学習させるべきかを考えるからです。つまり、その市場や顧客、競合について熟知していなければできません。ビジネスプロフェッショナルが主導する特徴量エンジニアリングが、需要予測AIの精度を高める最も重要なポイントになると捉えています。

　このことは私一人の感覚ではないようです。たとえば2020年11月12日の日本経済新聞には、相模屋食料という企業が「豆腐指数」という新たなデータを作成することで、需要予測AIの精度を向上させたという記事がありました。これこそ、まさに特徴量エンジニアリングです。私たちが構築したのは化粧品の需要予測AIですが、たとえば「口紅の顧客層別の人気

指数」といったものを作成しています。こういった業界特有のAI学習デー
タをつくれるかどうかが、需要予測AIの成否を分けるといえるでしょう。

顧客心理、行動の想像から仮説をつくる

　特徴量エンジニアリングは、顧客の購買心理と行動を想像し、需要に関
する仮説の構築から行ないます。まず、なぜ需要が発生するのかというメ
カニズムを想像するのです。これは顧客に近いところで行なってきた業務
経験が有効になる場合が多いといえます。

　営業、マーケティング、市場分析などの業務を通じ、暗黙知が個人に蓄
積されます。これを対話によってブラッシュアップし、個人が持つ認知バ
イアスを補正しつつ、購買行動に関する仮説として整理します。この暗黙
知を形式知へ変換する過程は、知識創造理論として提唱されているもので
す（Nonaka, 1994）。個人の暗黙知は対話による共感によって共有され、
これを仮説や概念として形式知とし、体系化していくことで組織の知識と
なっていくという理論です。

　たとえばメイクのためのブラシの需要について考えてみましょう。ファ
ンデーションはスポンジでつけるのが主流でしたが、あるときからブラシ
が流行しました。ブラシのほうがムラなく、テクニックが不要できれいに
つけられるということで、顧客がブラシの魅力を知ったからです。しかし、
売れるブラシもあれば、あまり売れないブラシもあります。ここで1つ重
要なのが、持ち運びやすさです。小さくてファンデーションのケースに入
るものであればいいですが、大きなブラシは持ち運びには不便です。

　ここから、「ファンデーションブラシの需要にはサイズ、特にケースに
入るかが影響する可能性がある」という仮説をつくることができます。も
ちろん、この他にも需要に影響する要素はありますが、あくまで仮説です。

　次に、この仮説を表現するデータを探します。この例でのポイントは、
ケースに入るかどうかです。この情報がSCM部門にあることはおそらく
なく、研究所やマーケティング部門に確認する必要がありそうです。この
データ探索の範囲は社内に限りません。社内外の人的ネットワークを駆使
し、仮説を表現できるデータを収集することが重要です。

ここで肝心なのが、「誰が何にくわしいか」というトランザクティブメモリーです。顧客の購買行動に関連するデータにはさまざまな種類があり、それらのありか、状態についてすべて一人で把握するのは現実的ではありません。そのため、誰がその領域についてくわしいかを把握していると非常に便利です。対話によって構築した仮説を表現するデータを想像し、それについてくわしそうな人にあたっていくというアプローチになります。それゆえに、特徴量エンジニアリングにはそのビジネス領域のプロフェッショナルが必要になり、加えて、社内外に広いネットワークを持つメンバーもアサインできるのが理想的です。

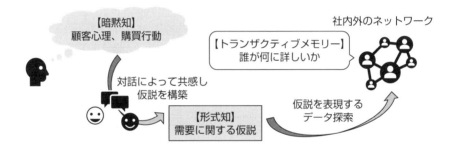

図8-4　特徴量エンジニアリングのすすめ方

需要予測AI構築の専属チーム

　ここで、需要予測AIの構築で重要となるポイントを整理します。

① **AIのユーザー企業が改善したい課題領域を設定する**
今回の事例では新商品の発売前時点における需要予測精度の向上
② **トップマネジメント層の意思決定**
他企業と比較しても新しい取り組みであり、効果が不確実でも、知見を得ることも目的に投資する
③ **対象領域のビジネスを熟知したビジネスプロフェッショナルが主導して特徴量エンジニアリングを行なう**

消費者の購買行動に関する仮説を基に、特徴量を人が設計することが有効
④　そのためのデータマネジメント専門チームを組織する

　特に４つめのチームについては、具体的には次の図8-5のようなイメージになります。

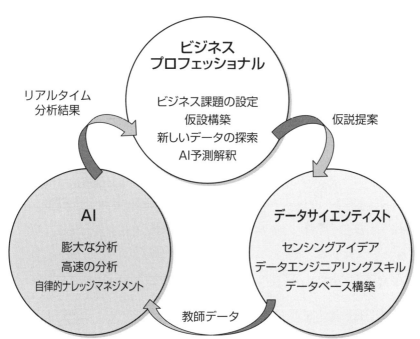

図8-5　需要予測AI構築のチーム

ビジネス
プロフェッショナル

ビジネス課題の設定
仮説構築
新しいデータの探索
AI予測解釈

リアルタイム
分析結果

仮説提案

AI

膨大な分析
高速の分析
自律的ナレッジマネジメント

データサイエンティスト

センシングアイデア
データエンジニアリングスキル
データベース構築

教師データ

　需要の因果関係を前提とした仮説を構築し、特徴量の提案をするのが、その領域のビジネスプロフェッショナルであり、AIマネジャーともいえる役割です。日頃から因果モデルを使って予測をしていると、特徴量創造の引き出しが多くなります。この意味でも、因果モデルの設計は極めて重要といえます。

　これをデータのハンドリングやAI操作の観点から支援するのがデータ

サイエンティストです。AIはオープンソースを含めて多様なツールが登場していますが、スピーディに試行錯誤できる設計のものが理想的です。

　冒頭に紹介したAmazonの事例は、大量のデータの活用だけでは精度の高い需要予測AIの構築はむずかしい可能性を示唆しています。もしかしたら、特徴量エンジニアリングが不足していたのかもしれません。類似性の判断だけでは、新規性の高い新商品の需要予測は困難でしょう。たとえば、目新しさの程度や新しい技術への期待感といった特徴量を、デマンドプランナーが創造するのが効果的です。こうしたクリエイティブな特徴量エンジニアリングは、専属のチームを組織して推進するのがよいでしょう。

　こうした役割分担は、2018年頃に私が提唱した内容から、日本でもかなり検討が進み、整理されました。2022年に経済産業省が「DXリテラシー標準」を策定し（23年8月改訂）、私が挙げたビジネスプロフェッショナルに該当するビジネスアーキテクトや、データサイエンティストからシステムの設計・実装・運用を担う役割を独立させたソフトウェアエンジニアなど、細かな分担が提唱されています。

　データサイエンティストがドメイン知識（業界・業務領域の専門知見）を持つべきだという考え方もあり、こうした体系的な整理を参考にしつつ、自社のデータ分析のチームビルディングを検討するのがよいと考えています。

▍学習データのフィードバックループ【医薬品開発の事例】

　需要予測に限らず、AIによる分類や予測の精度を高めるために学習データが重要なことはすでにお話ししてきました。トロント大学のアジェイ・アグラワル教授によると、これに加えて「フィードバックループ」が大切だとされます。学習データのフィードバックループとは、AIを活用する中で学習データが更新されることです。

　医薬品開発プロセスのスピードアップを目指すベンチサイという企業は、膨大な製薬会社のデータベースや論文から、新薬開発に必要な情報をAIに検索させるという取り組みを進めています（Ajay Agrawalら，2020）。これまでは研究者がデータベースから関連しそうな文献を探し、読み込ん

で仮説を構築して、実験で検証するというステップが必要でした。この知見の探索をAIが代替することで、網羅的かつ迅速に重要な情報を収集できる可能性が高くなります。

このAIも最初はキーワードでの検索が主になるでしょう。しかし、多くの研究者が使い続けることでキーワード間の関連を学習し、検索の精度が上がるはずです。これが学習データのフィードバックループです。

そうしてさらに使いやすくなることで、多くの研究者が使いたいと思うようになります。結果、この知見探索AIは持続的な競争優位を確立します。これはネットワークの外部性と呼ばれます。

新商品の発売前における需要予測では、マーケティングや市場環境などが類似するベンチマーク品を見つけることが有効です。しかしリニューアルでない場合、簡単ではありません。

私はこのベンチマーク品探索をAIでチャレンジしたことがあります。この取り組みはうまくいかなかったのですが、立ち上げ時の探索精度だけに注目していたのが悪かったのだと振り返っています。

ベンチマーク品探索AIも、学習データのフィードバックループによって精度が上がるタイプのものだと考えられます。デマンドプランナーがどういう思考でベンチマーク品を選定するのかを、運用の中で学ばせるループを構築すべきでした。

AIの予測精度向上には、環境変化に合わせた学習データの更新や蓄積が重要です。一方で、これは最初から完璧にはできません。そこでこのような学習データのフィードバックループを機能させることが有効です。これが予測AIにおいて後発の追従を困難にし、持続的な競争優位の確立につながるでしょう。

需要予測の診断フレームワーク

精度の高いAIだけでは需要予測の実務は改善しない

需要予測の診断フレームワーク

　需要予測AIのビジネス活用では、単に精度の高いAIを構築できればよいというわけではありません。並行して変えるべきことがいくつかあります。これを整理するために有効なアカデミックのフレームワークを紹介します。2018年に海外の論文で、需要予測の成熟度を測定するための6つの要素が提唱されました（Ann Vereeckeら，2018）。

- 需要予測のためのデータ
- 需要予測ロジック
- 需要予測システム
- 需要予測のパフォーマンス管理
- 需要予測を担う組織
- デマンドプランナーのスキル

　上記をさらに細かい項目に沿って評価することで、企業の需要予測オペレーションを診断し、改善すべき領域を考えるためのフレームワークです。私はコンサルティングファームとともに上記を参考にツールを開発し、さまざまな業界の需要予測オペレーションを評価してきました（山口雄大・小野孝倫「サプライチェーンの環境変化とこれからの需要予測」2020年）。その結果、同業界の中では、6つの要素の評価値が高いほうが、予測精度が高い傾向があることがわかりました。

　ここでは、6つの要素について概説します。詳細は参考文献に挙げた私たちのホワイトペーパーを参照いただけると幸いです。

データとは需要予測に必要な売上、マーケティング、市場などに関するものです。単に出荷だけでなく、品切れ分も考慮した需要、最終消費者の購買データ（POS）、さらにはSNSなどの定性データ、マーケティングの質的評価データなども重要です。

需要予測に活用するデータは、次のマトリクスで整理できます（Eric Wilson, 2019）。縦軸が構造化データと非構造化データです。横軸が社内データと社外データです。これまで需要予測で使われてきたのは、主にエクセルシートに数値で入力できる構造化データです。また、特定のブランドやSKUレベルでの需要予測では、社外のマクロデータよりも社内データのほうが、影響が大きいともいわれています。

需要予測AIの活用では、需要の因果関係をよりダイレクトに表現する構造化データのかけ合わせと、需要に影響しそうな非構造化データをなんらかのルールで特徴量化するアイデアが重要になります。

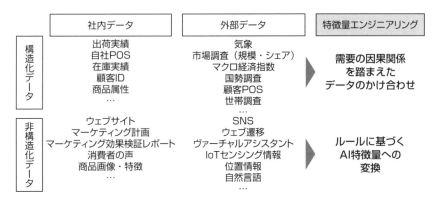

図8-6　需要予測に必要なデータ

ロジックとは２章〜４章で紹介した予測モデルのことです。ここまででも述べてきたように、パフォーマンス管理やナレッジマネジメントと連動されることが重要です。

需要予測のシステムとは、単に予測モデルのパッケージを指しません。需要予測をマネジメントするための精度指標の算出や、ブランド、プラン

ナー、アカウント別の集計などを支援する機能も重要です。

　パフォーマンスの管理も単に予測精度を高めるためだけに行なうものではありません。6章で説明した通り、S&OPを推進するために必須です。また、5章で説明した各種メトリクスを使いこなし、組織として需要予測をマネジメントできることも重要になります。

　そして、需要予測を担う組織の権限と責任を明確にします。予測精度をKPIとして設定し、関連部門に開示するだけでなく、予測付加価値を算出し、必要な投資をバックアップできるようにしてください。

　スキルの具体的な内容は2章-8で説明した通り、統計学の知識やデータ分析スキルに加え、コミュニケーション力も欠かせません。マーケティング、営業、経営管理、トップマネジメント層など、さまざまな関係者に需要予測の前提と根拠をわかりやすく説明することが求められるからです。また、デマンドプランナーのモチベーションを高めるような、ロールモデルの存在も大切です。

需要予測AIで価値を生むためのデータ、組織、スキル

　フレームワークで、需要予測AIの導入によって高度化できるのは「ロジック」と「システム」の2つです。同時にその他4つの要素についても、AI導入に合わせた進化を目指す必要があります。

　具体的には、需要予測AIの精度を継続的に維持、向上させるためには、学習「データ」を常に更新します。なぜなら、顧客心理の変化や技術の進歩によって購買行動が変化するからです。需要の因果関係は時代とともに変化するため、過去の学習データだけでは不足するだけでなく、AIの学習をミスリードする可能性があります。たとえばテレビCMといったマス・マーケティングの効果は、1990年代と今ではだいぶ異なるでしょう。

　また、すでに述べたように、需要予測AIの精度を高めていくためには、学習データのマネジメントを担う専属的な「組織」の設置が有効です。データマネジメントには消費者の購買行動に関する仮説構築と、それをデータで表現することも欠かせないため、AIを活用するデマンドプランナーは新たにこういった「スキル」を磨かなければなりません。

図8-7　需要予測の成熟度診断の項目（簡易版）

軸	質問項目
1．データ	①使用している売上データの種類
	②プロモーションデータ活用の利便性
	③新商品情報の利便性
	④営業からの拡販情報の連携
2．ロジック	⑤既存商品予測への統計モデル活用
	⑥新商品の需要予測モデル
	⑦コンセンサス予測のプロセス
3．システム	⑧予測システムの新商品対応
	⑨需要予測の管理階層の自由度
	⑩予測の物的粒度の自由度
4．パフォーマンス管理	⑪予測精度の管理指標
	⑫予測精度の開示範囲
	⑬ナレッジマネジメントの実施状況
	⑭事業計画、経営管理への連携
5．組織	⑮需要予測の責任組織
	⑯需要予測の高度化にむけた投資
	⑰需要予測の責任と報酬の連動
6．人材・スキル	⑱需要予測教育支援の仕組み
	⑲デマンドプランナーの分析スキル
	⑳デマンドプランナーの業界知識

需要予測AIの実務活用

デマンドプランナーによるAI予測値の解釈

AI予測値の解釈

　実際にビジネスで需要予測AIを活用する際は、「パフォーマンスの管理」が重要になります。

　AIの基本的な欠点は、根拠の曖昧さです。複雑な関係性にある大量データからパターンを見つけ、それを基に分類や予測を行なうため、人には解釈がむずかしいのです。BLUE　YONDER社やNEC社のAI予測システムでは、人が予測の根拠を把握するための工夫がされていますが、この解釈にも需要の因果関係に関する知見が必要になります。

　ビジネスにおける需要予測は、SCMのさまざまな機能のトリガーとなります。そのため、根拠の提示やそのわかりやすさも意識してください。マーケティングや営業部門とのコミュニケーションの際にも、需要予測の根拠の提示は非常に重要です。精度の高い需要予測AIを構築できたとしても、それをすぐにビジネスで有効活用することはむずかしいからです。

　そこで私たちが取り組みの中で始めたのが、AI予測値の解釈です。先述の通り、正確な根拠の把握は困難です。しかし、学習データと予測精度を把握しておくことで、関係者へAI予測の結果を説明することは可能です。

　学習データから、需要予測に必要などんな要素を考慮できていないかを説明することができます。予測精度の把握によって、どんなカテゴリーや条件ではAIによる需要予測が有効かを説明することができます。これらをわかりやすく関係者に解説することで、ビジネスを動かすことができます。これは需要予測AIのパフォーマンス管理です。この解釈もデマンドプランナーの新しい役割になると考えています。

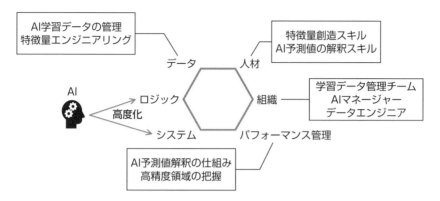

図8-8　需要予測AIを実務で活用するために

目標と需要予測

　次にビジネスにおける需要予測の留意点についてです。精度の高い需要予測AIを構築し、それを実務で活用するための組織や仕組みを整備できたとしても、その予測値をどう使うかは少し考える必要があります。なぜなら4章で述べた通り、特に新商品の需要予測は目標としての側面があるからです。

　たとえば、新商品の需要予測が営業部門における目標に影響する場合、それが高ければ、達成するための新たな営業活動が生まれる可能性が高くなります。もちろん、達成のハードルが非現実的なくらい高いものであれば、過剰在庫が発生する可能性があるため、そうならないために精度の高い需要予測AIの構築を目指すべきです。一方で、目標としての予測値が人の行動を変える可能性がある場合、提示する予測値はAIの予測結果そのものではないほうがよい場合があります。

　また、そもそもAIは基本的に、過去データから学習しています。そのため、過去にはなかった価値の提供を目指すマーケティングの効果を完璧に予測することはむずかしいでしょう。つまり、次のような場合は、たとえばAI予測値を、ベース案やセカンドオピニオンとして活用をするといったアイデアが有効になります。

- 需要予測の提示によって、人の行動が変わる可能性がある場合
- 過去とルールや条件が変わる可能性がある場合

　私たちは実際、一部のビジネスユニットにおいて、従来手法よりも精度の高い需要予測AIを構築し、セカンドオピニオンとして捉え、在庫計画や原材料調達に活用しています（くわしい内容を知りたい方は2020年10月22日の日本経済新聞を参照ください）。

　ここで紹介した私の事例は、DataRobot社が主催するAI Experience 2020という大きなイベントで発表し、講演動画が公開されているので、興味を持った方は下記のURLからご視聴ください。
DataRobot.「新商品の需要予測におけるプロフェッショナルとAIの協同」.

Alexperience

＊無料の視聴登録が必要です
URLが変更になっている場合は「山口雄大　datarobot」で検索してください

　また、この講演資料の一部も付録4として共有しますので、参考にしていただければと思います。

　また、私はテクノロジーベンダーに移籍し、データサイエンスの研究者と議論する中で、この進化版を提唱しました。AIで予測精度だけを追求するのではなく、複数のAIをくみ合わせて解釈性を高め、各種ステークホルダーのセンスメイキングを醸成して、需要創造を目指すアクションを促すものです。これについての講演記事も併せてご参照ください。

　新製品の需要予測に決め手あり！　注目を集める「センスメイキング」とは？（nec.com）

センスメイキング予測AI

8-6 需要予測のデジタルトランスフォーメーション

目指すは多面的思考・アジリティ・納得感

DXが目指すMAP

　AIのような新しいデジタル技術の活用によって、新たなビジネス価値を生み出していくことを「デジタルトランスフォーメーション（DX）」といいます。デジタル・ディスラプター戦略で知られるマイケル・ウェイド教授は、DX自体は目的ではなく、DXによってアジリティを獲得することを目指すべきだと主張しています（マイケル・ウェイド，2017）。

　需要予測においては、私はさらに2つの目的を付加し、予測システムの導入を含むDXでは次の3つを目指すことを提唱しています。

・多面的思考（Multi-sided）

　新商品や市場環境に大きな変化あった場合など、不確実性の高い条件下では複数のロジックで多面的に需要を予測することが有効です。需要の変動幅を想定し、在庫計画や原材料調達計画を工夫することで、品切れや過剰在庫のリスクを抑えます（Kahn, Kenneth B, 2012）。

・アジリティ（Agility）

　同様に不確実性の高い条件下では、市場の変化を早期に察知し、需要予測をアジャイルに（俊敏に）更新することが重要です。2020年のCOVID-19の感染拡大などの自然災害は予測が困難な例の1つですが、このような状況を踏まえた需要予測は現実的ではありません。いかに早く需要への影響を察知し、SCMを立て直すこと（レジリエンシー：Resiliency）が有効になります。

・納得感（Plausibility）

　過去に経験したことのない状況では、分析に時間をかけても予測精度が高くなりにくく、早期にアクションすることが有効だといわれています（Weick, 2005）。そのためには関係者の納得感が欠かせず、これは「センスメイキング（Sense Making）理論」と呼ばれます。

　実務において、複数の需要予測モデルを併用して、日々、市場変化のモニタリングを実施するためには、デジタル技術の活用が必須となります。こうした目的を持ってデジタル技術の導入を進めるのがよいでしょう。以上を踏まえると、特に不確実性の高いビジネスにおいてはDXが競争力を生むといえます。

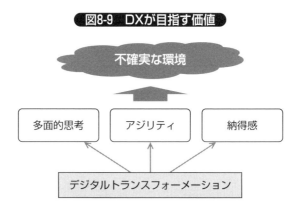

図8-9　DXが目指す価値

不確実な環境

多面的思考　　アジリティ　　納得感

デジタルトランスフォーメーション

需要予測のAccuracy & Agility

　需要予測では、精度（Accuracy）が重視されてきており、5章で説明したメトリクスなどを使って測定してきました。もちろん、これからも精度は重要ですが、不確実性の高い条件下ではアジリティ（Agility）も非常に重要になってきます。

　たとえばSNSの普及によって、消費者同士の情報交換量が増え、それが購買行動に影響するようになりました。著名なインフルエンサーによるバ

ズ（BUZZ）は予測することがむずかしく、そのような場合は、精度よりもアジリティで対応するほうが現実的であり、そこにリソースを割くほうが効果的です。2014年以降、激増した訪日外国人や、自然災害やウイルス拡散などによる需要変動も、予測することは難しかったといえます。

　こうした大きな環境変化が次々と起こる中では、需要予測のアジリティを高める取り組みへの投資が有効です。たとえば日々のPOSデータや、消費者への影響が大きいインフルエンサーの情報発信などのモニタリングでもそうです。扱うすべての商材について、人が毎日モニタリングすることはむずかしいと思います。人がより分析やコミュニケーションといったクリエイティブな業務に時間を使えるよう、モニタリングやデータ収集は積極的に自動化していきましょう。

　需要予測のKPIも、精度とアジリティのバランスを考慮しましょう。

　これまでは生産や原材料調達のリードタイムを考慮した、数か月〜半年程度先の予測精度がKPIとなっていた場合が多くあります。アジリティを意識すると、1か月や1週間先の予測精度がKPIになります。いかに早く需要変動を察知し、それを適切に考慮して需要予測を修正できているかを評価する指標になります。ある短期間にフォーカスすると、より先の期間の需要予測がおろそかになると心配する方もいらっしゃるかもしれません。しかし、短期と中長期の予測精度には極めて高い相関があり、短期の精度を高めることは中長期の精度を高めることにつながります。

デジタル時代のデマンドプランナーの役割

　需要予測の担当者は、次の役割を果たすことで価値を生み出しています。

① 社内外から需要予測に必要な情報を集める
② データ分析とコミュニケーションによって需要を予測する
③ 需要予測とその根拠を整理し、関係者へ提示する
④ 予測と実績の乖離を解釈し、知見を創出、蓄積する

定量的なデータを分析にすることによって需要を予測するのが基本ですが、ビジネスでは少ない情報、曖昧な情報も加味する必要があります。そのため、統計学やデータ分析だけでなく、コミュニケーションのスキルも必要です。

　そして、需要予測の目的は精度ではなく、マーケティングや営業といった需要サイドへの示唆提供と、SCMといった供給サイドへの情報連携によって、経営へ貢献することです。

　そのため、コミュニケーション相手の業務や目標を踏まえ、需要予測とその根拠をわかりやすく整理することが求められるのです。これを高度化するために、4章で説明したナレッジマネジメント、つまり知見の創出と蓄積を推進しなければなりません。

　需要予測のDXを進めるためには、次のような役割を常にブラッシュアップする必要があります。

① 収集するデータはAIの学習データとなることを前提に、網羅性や継続性、統一性とその負荷にも着目する
② 新しい技術を積極的に取り入れ、データ分析の高度化を目指す
③ 高度な需要予測を適切に解釈する
④ 予測と実績の乖離から新たな仮説を組み立て、データセンシングや特徴量エンジニアリングにつなげる

　データを蓄積するには、年単位の時間がかかる場合も少なくありません。そのため、需要予測に活用することを前提に、データ収集の仕組みを考える必要があります。本章で述べてきた通り、AIのような高度な技術は、単に導入するだけではビジネスで価値を生み出せない可能性が高いからです。さらに、人がマインドを更新し、高度な予測結果の解釈とそれを使ったコミュニケーションの仕組みも整備する必要があるのです。新しい技術の導入は、必ずしも成果に結びつくわけではないかもしれません。それでも、競合に先駆けて挑戦することで得られる知見はムダにはならないはずです。

　私は2018年以降、オンラインも含め、2000名を超えるビジネスパーソンと大学生に需要予測の講演を実施しています。そこでは私が携わった複数の業界の需要予測のビジネス事例を、アカデミックの知見をまじえて考察、整理してきました。本書ではその中でも基礎となる重要なエッセンスについて、新任の方が読みやすいように執筆したつもりです。

　需要予測は知識だけでできる仕事ではありません。しかし、先人たちが経験から積み上げてきた知識を携え、実務の中で試行錯誤することで圧倒的なスピードでプロフェッショナルになることができます。つまり、需要予測のプロフェッショナルになるのに必要なのは、知識だけではなく、積み重ねられてきた知を尊敬するマインドと挑戦による実践経験です。

　本書の最後に、日本でSCMを学ぶのに最適なプログラムを紹介します。また、多くのビジネスパーソンが悩む予測精度問題の構造化の例、デマンドプランナー育成のためのスキルリストもあります。さらに、私が執筆したサプライチェーン環境分析のホワイトペーパーと、需要予測AIに関する講演資料の一部を共有します。ぜひ、みなさんのさらなる需要予測の進化へとお役立てください。

ショート動画「需要予測AIで実現するDX」
Vimeo需要予測入門③ AccuracyからAgilityへ 需要予測AIで実現するDX

ショートセミナー3

サプライチェーンの環境分析

　サプライチェーンがグローバルに拡大してきたことで、企業が留意すべき環境変化の範囲は広くなっています。これを考える際に有効なのが、PEST分析という経営分析のフレームワークです。

　これは外部環境を、次の4つに分けて整理する考え方です。

1. 政治的要因（Political）
2. 経済・環境・生態学的要因（Economic, Environmental, Ecological）
3. 社会・文化的要因（Social, Cultural）
4. 技術的要因（Technological）

　より細かな、SPECTRED分析というものもあり、上記の生態学、文化的観点は、これを参考に私が追加したものになります。

　重要なのは、こうしたフレームワークに沿って、日々のメディア情報を整理しておくことです。

　次の図8-10は、私が2020年の、主に新聞と専門誌の情報を基に、サプライチェーンに関連する環境変化を整理したものです。

　アメリカと中国の貿易摩擦から、グローバルサプライチェーンが分断、再構築される動きが出てきました。また、異常気象やウイルスの感染拡大から、リーンからレジリエンシーへとSCMの意識がシフトしている業界もあります。

　AIやロボットといった新技術の実務活用が進む一方で、国を越えたサイバー攻撃のリスクも高まっています。自社のセキュリティは気をつけていても、サプライチェーンでつながる取引先から被害が及ぶかもしれません。グローバルの取引先における人権への配慮も、見過ごせない課題になっています。

　サプライチェーンはこうした外部環境の変化も踏まえて設計していく必要があり、グローバルにビジネスを展開する企業にとっては、非常に重要な機能といえるでしょう。より詳細な分析と、環境変化の中における需要

予測のあり方については、コンサルティングファームと整理したホワイトペーパーにくわしく記しているため、参考文献に挙げるそちらをご参照ください。

図8-10　サプライチェーンの環境分析

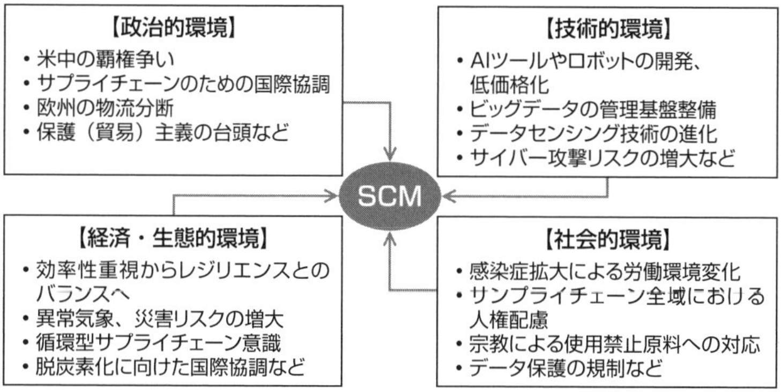

【政治的環境】
- 米中の覇権争い
- サプライチェーンのための国際協調
- 欧州の物流分断
- 保護（貿易）主義の台頭など

【技術的環境】
- AIツールやロボットの開発、低価格化
- ビッグデータの管理基盤整備
- データセンシング技術の進化
- サイバー攻撃リスクの増大など

SCM

【経済・生態的環境】
- 効率性重視からレジリエンスとのバランスへ
- 異常気象、災害リスクの増大
- 循環型サプライチェーン意識
- 脱炭素化に向けた国際協調など

【社会的環境】
- 感染症拡大による労働環境変化
- サンプライチェーン全域における人権配慮
- 宗教による使用禁止原料への対応
- データ保護の規制など

【参考】
サプライチェーンマネジメントについて学びたい方へ

1．資格取得を通じた学習

①ビジネス・キャリア検定「ロジスティクス管理」

　新任のデマンドプランナーにすすめるのがこの資格です。中央職業能力開発協会が実施している「ビジネス・キャリア検定」の中の1つで、サプライチェーンについての幅広い知識を得ることができます。1章で述べた通り、サプライチェーンには多様な機能があります。

　新任の方はその中の一部の機能を担当することが多いですが、他の機能との連携は必須です。そのため、サプライチェーン全体の中で自分の業務がどこを占めているのかを把握することは非常に重要です。特に全体感を把握し、SCMの専門用語を知るためには有効な資格です。

　2級の難易度は高めですが、新任担当者はまず基礎的な3級を取得することをおすすめします。

②ビジネス・キャリア検定「マーケティング」

　これも①と同様、中央職業能力開発協会が実施している「ビジネス・キャリア検定」の1つです。特にサプライチェーンの中でも、販売やマーケティング寄りの機能を担当する方におすすめします。デマンドプランナーはマーケティング部門との連携が非常に重要であるということはすでに述べてきました。スムーズな業務連携のためには、相手の業務について知っておくことが必要です。そのため、デマンドプランナーもマーケティングの基本的な知識は備えておきたいところです。この資格は、「ロジスティクス管理」と比較すると専門的な内容ではないため、2級から挑戦するのもよいでしょう。

③統計検定

　統計質保証推進協会が実施している資格です。日本統計学会が公式に認

定していて、総務省も後援していることから、信頼度の高い資格だと考えられます。難易度の非常に高い、大学の専門課程レベルの1級から、中学レベルの4級まで、幅広く難易度が設定されているのも特徴です。SCMのプロフェッショナルは、統計学のプロフェッショナルとは異なるため、1級は必ずしも必要ではないかもしれません。ただ、データを扱うことは必須であるため、高校レベルである3級は取得することをおすすめします。

　3級を取得することで"データの読み方"を、2級を取得することで"データを使った語り方"を学ぶことができました。デマンドプランナーは、データを使って語る場面の多い仕事であり、統計学のプロフェッショナルであるシステムベンダーやデータサイエンティストとコミュニケーションを取ることも多いため、できれば2級までは取得するとよいでしょう。

④CPIM・CSCP・CLTD・SCOR Professional

　APICSという1957年にアメリカで設立されたSCMに関する教育と資格認定の専門機関があり、そこが認定している資格です。全世界100か国以上のパートナーを持ち、世界で最も権威のあるSCMの資格であるといわれています。英語の試験で、これを取得していると世界で通用するSCMのプロフェショナルとして認められます。4つの資格の詳細は、公益社団法人日本生産性本部のWebサイトに記載されていますので、そちらをご確認ください。

　英語に堪能な方は、最初からこの資格取得を目指すのもいいかと思います。そうではない場合は、まず①の資格でサプライチェーンに関する基礎知識を得てから目指すのがいいかもしれません。SCMに関する最新の知見は英語での情報であることも多く、SCMのプロフェッショナルになるためには有効な資格といえるでしょう。

2．セミナーなどの受講による学習

①ストラテジックSCMコース

　2016年から、公益社団法人日本ロジスティクスシステム協会（JILS）が運営する、SCMを学ぶ講座です（それ以前は、東京工業大学大学院が運営していました）。半年間、週1回、夜に開講されるため、仕事をしな

がら通うことができます。講座自体は週1回ですが、修了発表もあり、そのための研究も講座以外の時間を使ってチームで進める必要があります。産学混じったサプライチェーンプロフェッショナルの方々が講師陣を担っているため、講義内容は非常に豪華といえます。

さらに、さまざまな業界のサプライチェーン担当が参加するというもの魅力の1つです。SCMの科学的なアプローチを学ぶことができ、他業界のリアルなサプライチェーンを知ることができるため、視野が広がる刺激的な講座です。

②バリューチェーンプロセス協議会（VCPC）が主催するセミナー

VCPCとは、企業のバリューチェーンを「プロセス志向」で改革することを目指すNPOで、会員向けのセミナーやワーキンググループ活動を実施しています。これらは講義というよりも、実際に科学的なアプローチを使って、さまざまな企業の方々とともに自社が抱えるサプライチェーンの課題解決を目指すことが特徴です。実際に分析を行ない、自社に持ち帰って課題解決を目指していくことになるため、ある程度SCMの業務経験を積んでからのほうが効果的でしょう。

③マサチューセッツ工科大学のWeb講座「SCx」

アメリカのさまざまな大学が運営しているWeb講座（edX）があり、その中にマサチューセッツ工科大学が提供しているSCMのコース「SCx」があります。これは「SC0x」から「SC4x」までの5単位があり、それぞれにおいて約3か月間、週1回のペースで配信される講義動画で学びます。毎週小テストがあり、中間試験や期末試験もあるため、目安としては週8〜10時間はこれに費やします。1単位取得するための費用は150ドルと比較的安価ですが（2017年時点）、単位取得のためには試験で合格基準を満たす必要があり、英語に不慣れな方はかなりの努力が必要になります。また、前述の5単位取得後には、capstone examという最終試験を受験することができ（別途費用がかかります）、そこで合格点を取るとMITからMicro Masterとして認定されます。

これは自宅で受講することができるので、その点では受講しやすいとい

えるでしょう。ただし、1つの単位を取得するために毎週8時間は費やし、それが約1年続くことになるためハードではあります。

　ここで紹介したのは、あくまでも私が体験してきたものを中心としていますが、もちろんこれ以外にも有用な資格やセミナーがあると思います。大切なのは、こうしたものを通じて学んだことを、いかにビジネスに活かせるかです。常にそうした意識を持って、資格取得を目指したりセミナーを受講されたりすることをおすすめします。

　また、これらを通じてさまざまな業界のプロフェッショナルに出会えます。そこでのコミュニケーションから生まれるアイデアが、非常に有用です。

＊本書は著者が個人として執筆したものであり、ここで述べている仮説や持論は、所属する企業のものではありません。また、登場する人物の所属や役職は2021年11月時点で調べたものです。

予測精度向上のための中核課題

第1章のコラム①でも紹介した分析手法、CRTを使って、ここでは「需要予測精度はなぜ向上しないのか」を掘り下げます。

需要予測に関する望ましくない状態（UDE：UnDesirable Effect）をブレインストーミングで挙げ、それらを因果関係に基づいて構造化した結果が次ページの図です。また、UDEの一部をその特徴でグルーピングしています。

ここから、大きく3つの課題領域があることがわかりました。

①人の思考の癖（認知バイアス）領域
②データ分析領域
③需要予測のマネジメント領域

まず、人の思考の癖領域には認知的な特性に基づくUDEがグルーピングされています。具体的には次のような思考の癖です。

・使いやすい情報に流されてしまう（利用可能性ヒューリスティクス）
・自分の予測（感覚）を支持する情報ばかりを重視してしまう（確証バイアス）

これらを解決するためには、認知科学の知見を踏まえて、需要予測オペレーションを設計する意識が重要です。たとえば予測モデルを構築し、それを使うのを定例オペレーションにすれば、確証バイアスを抑えやすくなります。需要予測にはどんな認知バイアスがあるかを整理し、日常のオペレーションの中で自然と抑えられるようにすることを意識しましょう。

次にデータ分析領域についてです。ここにはデータ分析スキルの育成と、データ分析環境の整備が含まれています。デマンドプランナーのデータ分析スキル育成の教育プログラムを整備できている企業は少ないです。これ

と同時に、さまざまなデータに低負荷でアクセスできる環境を整備していく必要もあるでしょう。スキルと環境が揃ってこそ、データ分析は進化していきます。実際、この領域の強化はかなりの効果を生みます。

　これは私の体験ですが、複数の統計的な予測手法を持ち込んだことで（≒スキル向上）、高精度のSKU構成比が10％以上増えました。また、それをシステムに実装することで（＝環境整備）、担当者数が20％減っても、予測精度はむしろ向上しました。外部環境の変化に伴い、必要となるデータは変わっていきます。そのためこの領域には常に進化の余地があります。

　最後に、マネジメント領域です。人は未来よりも現在を重視しがちであるという、現在性バイアスの存在が知られています。日々の業務に追われていると、未来の進化に向けたアクションにはなかなか時間が取れないのではないでしょうか。需要予測の精度向上のためにはナレッジマネジメントが必須です。そのためには、ナレッジの創出と体系的な蓄積に十分な時間を費やさなければなりません。それを継続するには、人材・組織・オペレーションをマネジメントする必要があります。

　私はこれらの3領域が、需要予測精度向上のキードライバーになると考えています。このうちのデータ分析領域については、AIやデータサイエンティストによって、飛躍的な進化が期待できるところです。

　本書では予測精度向上のためのフレームワークを少なくとも3つ、紹介してきました。7つのイニシアティブ、6つの要素によるオペレーション診断、そしてこのCRTです。どれを使っても根本的な課題は整理できますが、その多くは熟練のプロフェッショナルが日頃感じているものでしょう。ただ、それらを網羅的に整理できるのがフレームワークであり、トップマネジメント層への提案の際には説得力のあるパワフルなツールとなります。ぜひ活用してみてください。そして本書が、教育体系の整備と、ナレッジマネジメントのマインド醸成の一助になればと願っています。

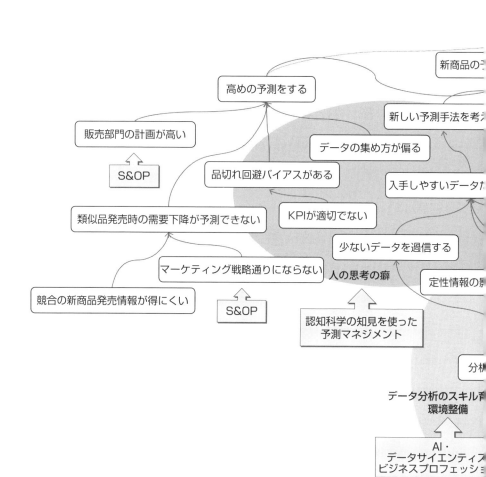

高めの予測をする

新商品の

新しい予測手法を考

販売部門の計画が高い

データの集め方が偏る

S&OP

品切れ回避バイアスがある

入手しやすいデータ↑

類似品発売時の需要下降が予測できない

KPIが適切でない

少ないデータを過信する

マーケティング戦略通りにならない

人の思考の癖

定性情報の

競合の新商品発売情報が得にくい

S&OP

認知科学の知見を使った
予測マネジメント

分析

データ分析のスキル育
環境整備

AI・
データサイエンティス
ビジネスプロフェッショ

教育体制

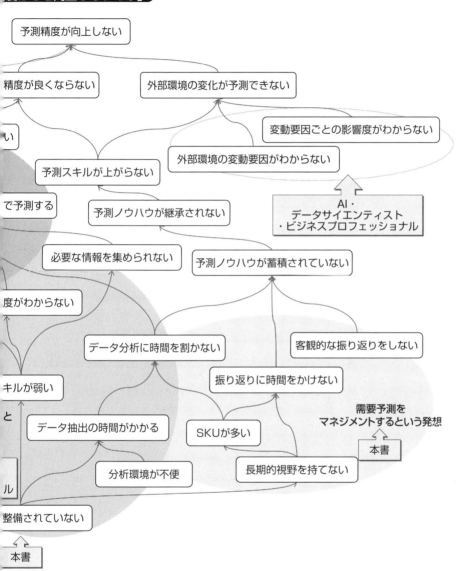

度はなぜ向上しないのか」

予測精度が向上しない

精度が良くならない　　外部環境の変化が予測できない

変動要因ごとの影響度がわからない

い

予測スキルが上がらない　　外部環境の変動要因がわからない

で予測する　　予測ノウハウが継承されない

AI・
データサイエンティスト
・ビジネスプロフェッショナル

必要な情報を集められない　　予測ノウハウが蓄積されていない

度がわからない

データ分析に時間を割かない　　客観的な振り返りをしない

キルが弱い

振り返りに時間をかけない

と　　データ抽出の時間がかかる　　SKUが多い

需要予測を
マネジメントするという発想

本書

分析環境が不便　　長期的視野を持てない

ル

整備されていない

本書

【付録2】

デマンドプランナーのスキル
チェックリスト

　2章で整理したデマンドプランナーのスキルをより具体的に記述したのがこのチェックリストです。あえて曖昧な表現とすることで、柔軟にさまざまな業界にアレンジできるようにしています。

付録2-1　デマンドプランナーの4ランク

職種名称	目安
staff	基本的な需要予測オペレーションを間違えずに遂行できる
Junior Planner	需要変動や供給トラブルの際、関連機能への影響を想定し、プロアクティブにアクションできる
Middle Planner	需給に関する課題を自発的に分析、発見し、関係者と協同して解決できる
Senior Planner	ビジネスユニットやエリアを越えて、需要予測の高度化に向けたアクションを主導できる

付録2-2　デマンドプランナーのチェックリスト

Level	Skill	Check Point
staff	Operation	□オペレーションに必要なシステムへ計画をインプットできる
		□需要予測の階層（物的粒度）の概念を理解し、適切に設定できる
		□社内のシステムから各種データを抽出できる
		□社外のソースから予測に必要なデータを収集できる
		□営業部門の販売計画を評価し、需要予測に適切に反映できる
		□需要予測と在庫、生産計画の関係性を説明できる
	Data Analytics	□weighted-MAPEやBiasを算出できる
		□在庫回転率や在庫日数を算出できる
	Statictics	□「平均」だけでなく「分散」や「標準偏差」について説明できる
	Communication	□担当ブランドに関する知識がある（歴史、顧客層、競合、需要のメインドライバーなど）
		□関連機能(生産管理・原材料調達・マーケティング・商品開発・経営管理など)のエキスパートがわかる
Junior	Data Analytics	□新商品の需要の季節性を想定できる
		□品切れ等による過去データの異常値を補正できる

Junior	Data Analytics	□デマンドブリーフ（予測誤差や市場変化、中期の需要予測の解釈と整理）を作成できる
		□先行1年～1年半の中期予測を解釈し、前提や根拠を含め、ブランドマネージャーに説明できる
		□新商品のコンセンサス予測をファシリテートできる
		□需要変動の理由をデータ分析から仮定できる
		□需要予測の振り返りをデータ分析に基づいて行なうことができる
	Statistics	□統計検定3級レベルの知識がある
		□基礎的な時系列予測モデルについて説明できる（移動平均・指数平滑など）
	Experience	□業界経験2年程度以上の知識がある
	Communication	□マーケティング計画変更時にSCM部門へ情報共有できる
		□供給トラブル発生時にマーケティング、営業部門の対応を主導できる
		□需要予測と事業計画の乖離を解釈し、必要に応じて各種計画を調整できる
Middle	Data Analytics	□商品開発段階でデータを収集、分析し、ベースフォーキャストを提示できる
		□予測精度を基にした在庫戦略を提案し、実行したことがある
		□予測誤差を分析し、モデルパラメータを調整できる
	Statistics	□統計検定2級レベルの知識を持っている
		□重回帰分析を使った需要予測ができる
	Communication	□新ブランド導入時にSCMパートナーとしてマーケティング部門を支援したことがある
		□下位のデマンドプランナーの業務を支援できる
	Creativity	□新しい予測ロジックを提案、開発したことがある
		□予測精度向上のための新たなデータセンシングを提案、実行したことがある
Senior	Statistics	□高度なARIMAモデルや高次の指数平滑法について、考え方を説明できる
	Communication	□他プランナーの予測誤差を解釈し、精度改善のためのアクションを指示できる
		□デマンドプランナー育成のための教育プログラムを設計したことがある
		□SCMやマーケティング部門だけでなく、経営管理、営業部門などへ需要予測で示唆を提供したことがある
		□役員、部門長クラスが必要とする需給情報を想像し、需要予測を中心にわかりやすく説明できる
	Creativity	□ブランド、ビジネスユニット、エリア横断で予測精度を解釈し、需要予測の課題を提言したことがある
		□環境や技術の変化を踏まえ、需要予測のための新しい仕組みを提案、実行したことがある

ホワイトペーパー
「サプライチェーンの環境分析とこれからの需要予測」

8章のコラム⑥で紹介したサプライチェーンの環境分析の実例を、コンサルティングファームと協同で執筆したホワイトペーパーで紹介します。これには私の専門領域である需要予測について、環境分析を踏まえた方向性も示しているので、必要に応じてご参照ください。

『サプライチェーンの環境分析とこれからの需要予測』

white paper

https://ycpsolidiance.com/ja/download-whitepaper/
ai-demand-planning/6b1gss7YLbvFbj0u5G7qFLwa9a1
8b0LY8JBAy2TZYlc602223e23c27a

【付録3】『サプライチェーンの環境分析とこれからの需要予測』エグゼクティブ・サマリ

エグゼクティブ・サマリ

製造業のサプライチェーン（供給網）はグローバルに拡大し、それをとりまく環境の不確実性は高まる一方で、人権や環境への配慮がより求められるようになってきている。AIをはじめとする、先進的な技術を積極的に導入し、それらに対応できた企業が競争力を高めていくだろう。こうしたビジネス環境の変化の中では、経営とサプライチェーンマネジメント（SCM）を連携するS&OPという概念が重要になる。しかし、この導入に成功している企業は世界でも多くない。その一要因は需要予測にあり、客観的なオペレーション診断による根本課題の把握が有効になる。本稿では、アカデミックな研究知見に依拠したYCP solidiance独自の需要予測オペレーション診断のフレームワークを紹介し、その診断結果の一部を紹介する。需要予測の高度化によるアジリティの獲得が、S&OPを通じて、SCMのレジリエンスを高め、製造業の経営を支えていくだろう。

【付録4】

ロジスティクス大賞2021
「AIデマンドマネジメント賞」受賞論文

山口雄大．"新製品の発売前需要予測におけるAIとプロフェッショナルの協同"．LOGISTICS SYSTEMS Vol.32, 2021 秋号，p.36-43
　講演資料の一部を掲載します。

【付録4-1】 ２種類の予測AIと２つの成功要因

大きく２種類の予測モデルを設計

1. 製品ファミリーレベルの需要予測

2. ファミリー内のSKU別構成比予測

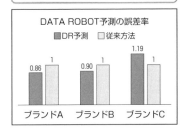

DATA ROBOT予測の誤差率
- DR予測
- 従来方法

	ブランドA	ブランドB	ブランドC
DR予測	0.86	0.90	1.19
従来方法	1	1	1

【成功要因①】
市場や顧客に精通した
デマンドプランナーが主導する
特徴量エンジニアリング

【成功要因②】
学習データの質と量が
確保できる領域の特定

価値を生み出せる領域を見つけ
プロフェショナルがデータを創る！

【付録4-2】 予測AIで価値を生むオペレーション設計

リバース・フォーキャスティング

AI

なぜこの予測値が
出てきているのか

予測値 ⇒ 根拠

マーケター
生産管理
担当者など

新しいしごと

AIの予測結果を関係者にわかりやすく解説

レンジ・フォーキャスト

① データ分析
予測 ≫ 幅のある
需要予測 ≪ ② AI予測

需要変動の幅も想定
⇒在庫・供給戦略の立案

変動幅さえ
わからない

不確実性

リスク

変動幅は
わかる

参 考 文 献

【全体を通じて参考にした書籍】

『CPIM PART1 VERSION6.0』（APICS／2018）

『広辞苑第六版』（新村出編／岩波書店）

『第15版サプライチェーンマネジメント辞典ディクショナリー対訳版‒グローバル経営のための日英用語集』（APICS，日本APICSコミュニティーAPICS Dictionary 翻訳チーム他／2018）

【第 1 章の参考文献】

論文

Chaman L, Jain. "Benchmarking Forecast Errors". Research Repot 13. Institute of Business Forecasting and Planning. 2014.

Chaman L, Jain. "The Impact of People and Processes on Forecast Error in S&OP". Research Repot 18. Institute of Business Forecasting and Planning. 2018.

山口雄大・小野孝倫．「サプライチェーンの環境変化とこれからの需要予測」．YCP solidiance．2021．https://ycpsolidiance.com／ja／white-paper／ai-demand-planning（2021-2-5参照）

書籍・雑誌

『月刊ロジスティクス・ビジネス』2016年 9 月号（ライノス・パブリケーションズ）

『物流とロジスティクスの基本』（湯浅和夫著／日本実業出版社／2009）

『物流の知識』（宮下正房・中田信哉著／日本経済新聞社／1995）

新聞

「パナソニック、30年にCO2ゼロ目標」（岩戸寿／日本経済新聞／2021年05月28日朝刊　p.13）

【第 2 章の参考文献】

論文

Andrea B. Hollongshead, David P. Brandon. "Potential Benefits of Communication in Transactive Memory Systems". *Human Communication Research, Vol.29, No.4, October 2003 607-615.*

Daniel Fitzpatrick. "Demand Planning Culture: Building an Environment Where

Demand Planners can Succeed". *Journal of Business Forecasting, Fall 2020*. p.19-21.

Robert G. Brown, Richard F. Meyer and D. A. D'Esopo.（1961）. "The Fundamental Theorem of Exponential Smoothing". *Operations Research, Vol. 9, No. 5, pp. 673-687.*

Winters, Peter R.（1960）. "FORECASTING SALES BY EXPONENTIALLY WEIGHTED MOVING AVERAGES". *Management Science; Apr 1960; 6, 3; ABI/INFORM Collection, pg. 324.*

書籍・雑誌

『CPIM PART1 VERSION6.0』（APICS　2018）

『Demand and Supply Integration: The Key to World-Class Demand Forecasting. Second Edition』（Moon, Mark A　DEG Press　2018）

『Forecasting with Exponential Smoothing The State Space Approach』（Rob J. Hyndman, Anne B. Koehler, J. Keith Ord and Ralph D. Snyder　Springer　2008）

『Time Series Analysis Forecasting and Control FOURTH EDITION』（GEORGE E. P. BOX, GWILYM M. JENKINS, GREGORY C. REINSEL.　A JOHN WILEY & SONS, INC., PUBLICATION　2008）

『月刊ロジスティクス・ビジネス』2017年8月号（ライノス・パブリケーションズ）
フィリップ・E・テトロック／ダン・ガードナー.『超予測力』（早川書房／2018）

新聞

「講談社など、書籍流通参入」（日本経済新聞／2021年05月14日 朝刊p.3）

【第3章の参考文献】

論文

A. Tversky., and D. Kahneman. "Judgement under Uncertainty: Heuristics and Biases". *Science, 185, 1124-1131. 1974.*

Chaman L. Jain. "The Impact of People and Process on Forecast Error in S&OP". Research Repot 18. Institute of Business Forecasting and Planning. 2018.

Robin M Hogarth & Spyros Makridakis. "FORECASTING AND PLANNING: AN EVALUATION". *Management Science (pre-1986) ; Feb 1981; 27, 2; ABI/INFORM Collection pg. 115.*

書籍・雑誌

『Time Series Analysis Forecasting and Control FOURTH EDITION』（GEORGE E. P. BOX, GWILYM M. JENKINS, GREGORY C. REINSEL.　A JOHN WILEY & SONS, INC., PUBLICATION　2008）

『移動平均線 究極の読み方・使い方』（小次郎講師著／日本実業出版社／2018）

【第4章の参考文献】
論文

Chaman L, Jain. "Benchmarking New Product Forecasting and Planning". Research Repot 17. Institute of Business Forecasting and Planning. 2017.

Yoram Wind. and Thomas L. Saaty. "Marketing Applications of the Analytic Hierarchy Process". MANAGEMENT SCIENCE, Vol.26, No.7. 1980.

Yudai Yamaguchi & Akie Iriyama. "Improving Forecast Accuracy for New Products with Heuristic Models." *Journal of Business Forecasting, Fall 2021*, p.26-28.

書籍・雑誌

『Fundamentals of Demand Planning & Forecasting』（Chaman L. Jain Graceway Publishing Company, Inc. 2020）

『The PDMA Handbook of New Product Development』（Kahn, Kenneth B.　John Wiley & Sons, Incorporated　2012）

『確率思考の戦略論』（森岡毅、今西聖貴著／角川書店／2016）

【第5章の参考文献】
論文

Alan L. Milliken. "Linking Demand Planning & Inventory Management for Optimal Stock Levels". *Journal of Business Forecasting, Spring 2020*. p.12-16

Lilian M. Wong, Calvin K. Tang. "The Limitations of MAPE & Error Metrics You Should Be Using". *Journal of Business Forecasting, Fall 2020*. p.30-33

Rob J. Hyndman, Anne B. Koehler. "Another look at measures of forecast accuracy". *International Journal of Forecasting 22（2006）679-688*.

書籍・雑誌

『CPIM PART1 VERSION6.0』（APICS　2018）

『Forecasting with Exponential Smoothing the State Space Approach』（Rob J.

Hyndman, Anne B. Koehler, J. Keith Ord and Ralph D. Snyder. Springer 2008)
『Demand and Supply Integration: The Key to World-Class Demand Forecasting, Second Edition』(Moon, Mark A DEG Press 2018)
『Encyclopedia of Supply Chain Management』(Farooqui, S. U Himalaya Publishing House 2010)
『Improving Forecasts with Integrated Business Planning』(Ganesh Sankaran, Federico Sasso, Robert Kepczynski, Alessandro Chiaraviglio. Springer Nature Switzerland AG 2019)
『Supply Chain Management and Advanced Planning』(C. Kilger, M. Wagner Springer 2015)
『月刊ロジスティクス・ビジネス』2016年10月号(ライノス・パブリケーションズ)
『藤巻健史の実践・金融マーケット集中講義』(藤巻健史著／光文社／2012)
『「儲かる会社」の財務諸表』(山根節／光文社／2015)

【第6章の参考文献】
論文

Antonio Marcio Tavares Thome, Luiz Felipe Scavarda, Nicole Suclla Fernandez, Annibal Jose Scavarda. "Sales and operations planning: A research synthesis". *Int. J. Production Economics. 138*(2012)*1-13.*
Chaman L, Jain. "Benchmarking Forecast Errors". Research Repot 13. Institute of Business Forecasting and Planning. 2014.
Chaman L, Jain. "Do Companies really Benefit from S&OP?". Research Repot 15. Institute of Business Forecasting and Planning. 2016.
Chaman L, Jain. "The Impact of People and Process on Forecast Error in S&OP". Research Repot 18. Institute of Business Forecasting and Planning. 2018.
Daniel Fitzpatrick. "The Myth of Consensus - Replacing the One-Number Forecast with a Collaborative Process Forecast". *Journal of Business Forecasting, Summer 2020, pp.19-20.*
Pat Bower. "Product Rationalization within the S&OP Process to Adapt to the Covid-19 Environment". *Journal of Business Forecasting, Winter 2020-2021, pp.12-15.*
Ramandeep Singh Manaise. "Why is Your S&OP/IBP Process Not Resulting in Best Practice Outcomes?". *Journal of Business Forecasting, Spring 2021, pp.9-19.*

Ronald S. Burt. "Structural Holes and Good Ideas". *American Journal of Sociology, Vol. 110, No. 2（September 2004）, pp. 349-399.*
山口雄大. 知の融合で想像する需要予測のイノベーション第10回『ミクロ予測とマクロ予測』（*LOGISTICS SYSTEMS Vol.31, 2021* 夏号）

書籍・雑誌
『Demand-Driven Planning: A Practitioner's Guide for People, Process, Analytics, and Technology』（Chase, Charles W. John Wiley & Sons, Incorporated 2016）
『Dynamic Supply Chain Alignment: A New Model for Peak Performance in Enterprise Supply Chains Across All Geographies』（Gattorna, John Routledge 2009）
『World Class Sales & Operations Planning : A Guide to Successful Implementation and Robust Execution』（Sheldon, Donald J. Ross Publishing 2006）
『データ・ドリブン・マーケティング』（マーク・ジェフリー著／佐藤淳、矢倉純之介、内田彩香共訳／ダイヤモンド社／2017）

新聞
「ウイスキー熱 原酒が不足」（新沼大執筆／日本経済新聞／2018年05月16日朝刊）

ウェブ記事
Neil James. 3 QUESTIONS SUPPLY CHAIN SHOULD ASK TO SUPPORT THE COMMERCIAL STRATEGY. Institute of Business Forecasting & Planning.（August 13, 2019）
https://demand-planning.com/2019/08/13/3-questions-supply-chain-should-ask-to-support-the-commercial-strategy/（2021-05-16参照）

【第 7 章の参考文献】
論文
Larry Lapide. "Understanding the Concepts of Uncertainty & Risk: Making Decisions with a Payoff Matrix". *Journal of Business Forecasting, Winter 2020-2021.*

書籍・雑誌
『月刊ロジスティクス・ビジネス 2017年10月号』（ライノス・パブリケーションズ）
『品切れ、過剰在庫を防ぐ技術 実践・ビジネス需要予測』（山口雄大著／光文社／

2018)

『ニュートン式超図解　最強に面白い!!　天気』（荒木健太郎著／NEWTON PRESS 2020）

新聞

「ENEOSとプリファード、AI活用で新会社」（日本経済新聞／2021年04月28日／朝刊，p.12）

【第8章の参考文献】
論文

Ann Vereecke, Karlien Vanderheyden, Philippe Baecke and Tom Van Steendam. "Mind the gap - Assessing maturity of demand planning, a cornerstone of S&OP". *International Journal of Operations & Production Management, Vol. 38 No. 8, pp. 1618-1639. 2018.*

Karl E. Weick, Kathleen M. Sutcliffe, David Obstfeld, "Organizing and the Process of Sensemaking". *Organization Science. 16（4）:409-421. 2005.*

Nonaka, I. "A Dynamic Theory of Organizational Knowledge Creation". *Organization Science, Vol.5, pp.14-37.* 1994.

Ruslan Salakhutdinov and Geoffrey Hinton. "An Efficient Learning Procedure for Deep Boltzmann Machines". *Neural Computation. Volume24 Issue 8 August 2012 p.1967-2006.*

「サプライチェーンの環境変化とこれからの需要予測」山口雄大・小野孝倫／YCP solidiance. 2021. https://ycpsolidiance.com/ja/white-paper/ai-demand-planning （2021-2-5参照）

書籍・雑誌

『The PDMA Handbook of New Product Development』（Kahn, Kenneth B. John Wiley & Sons, Incorporated　2012）

『人工知能と経済の未来』（井上智洋著／文藝春秋／2016）

『AI時代の人生戦略』（成毛眞著／SBクリエイティブ／2017）

『対デジタル・ディスラプター戦略 既存企業の戦い方』（マイケル・ウェイド、ジェフ・ルークス、ジェイムズ・マコーレー、アンディ・ノロニャ著／根来龍之、武藤陽生、デジタルビジネス・イノベーションセンター訳／日本経済新聞出版社 2017）

参考文献

「『予測』の力で競争優位を持続する方法」Ajay Agrawal, Joshua Gans, Avi Gold-farb／友納仁子訳（Harvard Business Review, December 2020）
「デジタル革命で強化するサプライチェーンの競争力」（『ダイヤモンド』p.82-91. ダイヤモンド社）

新聞
「企業、資金効率の改善急ぐ DX活用し在庫圧縮」（日本経済新聞　2020年10月22日朝刊）

Web記事
DataRobot「新製品の需要予測におけるプロフェッショナルとAIの協同」（DataRobot 2020-11）　https://www.datarobot.com/jp/recordings/ai-experience-japan-dec-2020-on-demand/user-case-study-day2-shiseido-ai-in-forecasting-demand-for-new-products/（2021-05-16参照）
Eric Wilson. "FORECASTER'S & PLANNER'S GUIDE TO DATA". Institute of Business Forecasting & Planning. August 26, 2019. https://demand-planning.com/2019/08/26/forecasting-data-types/（2021-05-16参照）
「120日持つヨーグルト　食品ロス、技術でなくす」（逸見純也／日本経済新聞／2020年11月12日）https://www.nikkei.com/article/DGXMZO66105730R11C20A1TJ 1000/（2021-05-16参照）

謝　辞

　2020年のCOVID-19の感染拡大によってビジネス環境の不確実性がより高まったことで、需要予測の重要性が改めて認識されたと感じます。本書が日本の製造業、小売業などのS&OPの推進に役立てられればと思います。

　この場を借りてお力添えいただいた皆さまにお礼申し上げます。
「需要予測の基本講座」をはじめ、企業講演などで出会った様々な業界の実務家のみなさまとのディスカッションで、需要予測に関する考察を深めることができました。ありがとうございます。これからも議論をつづけ、互いに学び合えればと思います。

　最後に、私の研究・執筆・講演などの活動を温かく支援してくれている妻と、笑顔で癒しをくれる3歳の娘にも感謝しています。

2021年初秋　東京の自宅にて

索 引

日本語

山口 雄大（やまぐち　ゆうだい）
NECアナリティクスコンサルティング統括部のシニアデータサイエンティスト兼需要予測エヴァンジェリスト。東京工業大学生命理工学部卒業。同大学院社会理工学研究科修了。同イノベーションマネジメント研究科ストラテジックSCMコース修了。早稲田大学経営管理研究科修了。化粧品メーカー資生堂のデマンドプランナー、S&OPグループマネージャー、青山学院大学講師（SCM）などを経て現職。実務家向け番組「山口雄大の需要予測サロン」でSCMの知見や事例を発信する他、数百名のデータサイエンティストと協働して様々な業界のSCM改革をデータ分析で支援。「需要予測相談ルーム」では年間50社程度にアドバイスを実施している。JILS「SCMとマーケティングを結ぶ！需要予測の基本」講師、企業のSCM研修講師などを兼職。『Journal of Business Forecasting』（IBF）や経営情報学会などで論文を発表。機関誌やウェブサイトにコラム連載中。著書に『すごい需要予測』（PHPビジネス新書）や『需要予測の戦略的活用』（日本評論社）、『全図解 メーカーの仕事』（共著・ダイヤモンド社）など多数。

この1冊ですべてわかる

新版　需要予測の基本

2018年 2 月10日　初 版 発 行
2021年12月 1 日　最新 2 版発行
2024年 6 月20日　第 2 刷 発 行

著　者　山口雄大 ©Y.Yamaguchi 2021
発行者　杉本淳一

発行所　株式会社 日本実業出版社　東京都新宿区市谷本村町3–29 〒162-0845

　　　　編集部 ☎03–3268–5651
　　　　営業部 ☎03–3268–5161　　振　替　00170–1–25349
　　　　　　　　　　　　　　　　　https://www.njg.co.jp/

　　　　　　　　　　　印 刷／理 想 社　　製 本／若林製本

ISBN 978-4-534-05890-4　Printed in JAPAN

下記の価格は消費税（10%）を含む金額です。

日本実業出版社の本
「ビジネスの基本」シリーズ

好評既刊！

神川 貴実彦＝編著
定価 1760円（税込）

克元 亮＝編著
定価 1980円（税込）

岸川 茂＝編著
JMRX NewMR研究会＝著
定価 2200円（税込）

森辺 一樹＝著
定価 2200円（税込）

高橋 宣行＝著
定価 1980円（税込）

HRインスティテュート＝著
三坂 健＝編著
定価 2200円（税込）

定価変更の場合はご了承ください。